U N   L L A M A D O

INEVITABLE

DIOS SE HA EMPEÑADO CONMIGO

Un Llamado Inevitable

Edición y Prueba Madeline González Rivera – Obed Edom Editores
obededomeditores2015@gmail.com

Diseño y fotografía de portada, contraportada e interior – Henry Rivera
hrivrom@gmail.com

Dirija todas sus preguntas o comentarios al autor:
unllamadoinevitable@gmail.com

ISBN – 9781688073159

Librería del Congreso 1-7997692911

®por, Elizabeth C. Hernández Flores 2019.

Impreso por **CreateSpace**

Comentarios del libro

Elizabeth es una mujer luchadora que no ha permitido que la opinión del hombre opaque ni detenga el propósito de Dios en su vida. Es un ejemplo vivo y digno de modelar de una superación y perseverancia consistente, siempre confiada en Dios y en lo que ha dicho sobre ella y su casa.

Sé que *Un Llamado Inevitable*, traerá un espíritu sanador y de mucho impacto para que ninguna se rinda a causa de sus experiencias negativas. Elizabeth ha sido en mi vida un canal directo de bendición de Dios, además de pastora y mi supervisora directa, también ha sido mi consejera en momentos difíciles. Admiro y respeto su tenacidad y empeño por ver a las mujeres empoderadas de la Palabra de propósito que Dios tiene para ellas.

Rachel Cirino
Maestría en Administración de Salud Pública
Concilio de Salud Integral de Loíza
Loíza Puerto Rico

¡Qué Bueno que te diste la oportunidad de adquirir este libro que sé que va a ser de bendición a tu vida, que tocará tu corazón y transformará tu vida capítulo a capítulo! Este libro te ayudará, te dará herramientas y hasta abrirá tus ojos en áreas, que a lo mejor crees que estas bien y no necesariamente es así.

Este manuscrito te ayudará a entender la importancia de dejar que Dios sane tu dolor y te ayudará a mirar cada experiencia como una oportunidad para revelar la mejor versión de ti. Estoy segura que al concluir la lectura de este libro, entenderás la capacidad del amor de Dios en tu vida, de su perdón, el poder reconciliador y su propósito para ti. No importa el estado de crisis espiritual que te encuentres hoy, si has tocado fondo y tus circunstancias no van a la par de lo que Dios hablo de tu vida. Hoy, estas a tiempo de darte la oportunidad de tener una vida plena en Dios. *Un Llamado Inevitable* te mostrará que Dios te está buscando y te espera, así que, toma la decisión de comprometerte a vivir una vida plena en Dios. Elizabeth muy hábilmente te deja ver que con la ayuda de Dios y tu compromiso, de seguro que tendrás la vida plena y feliz que tanto anhelas.

Glenda Escalera
Educadora en Salud

Es inevitable que Dios deje alguien sin un llamado. Cuando Dios llama, atrae con gracia y sanidad. Su llamado no es rudo ni tampoco acusador. Sin embargo, al aceptar el llamado es necesario entender que algunos planes van a cambiar y puede que hasta quedar arruinados. Pero sus propósitos son seguros.

En *Un llamado Inevitable,* Elizabeth Hernández invita a las mujeres a conocer a ese Dios que llama con gesto de amor. Por medio de su propio testimonio, plasmado con enseñanzas Bíblicas, demuestra este mensaje claramente. En este relato de victoria de la vida de Elizabeth, las mujeres podrán abrir paso al transformador llamado de Dios para cada una de ellas.

Caleb R. Canales Cruz
Orador y Ministro de Alabanzas
Centro de Adoración Unidos para Adorar
Fajardo Puerto Rico

Dedicatoria

Este libro lo dedico a seis personas, que para mí son de gran importancia en mi vida. Personas que impactaron y enriquecieron mi vida para siempre y que son parte de mí caminar y crecimiento en esto de *Un Llamado Inevitable*.

Comienzo contigo mi Señor Jesús, quien nunca me abandonas, no importando cuales han sido las circunstancias que enfrento en mi vida. Tú siempre has estado aquí, desde mi niñez hasta hoy, cuidando mi vida y la de mis hijos. Te dedico este libro, Amado mío, te doy y te daré siempre toda la Honra y la Gloria, porque solamente a Ti pertenecen.

También dedico este libro a mis cuatro hijos, tesoros que Dios me regaló y que han llenado mi vida de alegría y enseñanza. Cada uno es, la oportunidad provista para yo ver la fidelidad de Dios sobre mí. Declaro que Dios bendice su caminar y que Su propósito se cumpla en cada uno de ustedes.

A Raymond, mi primogénito, siempre has sido de corazón sensible y amoroso. Admiro tu valentía y empeño para conquistar la vida, y estoy segura, que no importando cuales obstáculos se presenten, lograrás lo que te propongas.

A Alexander, mi flaco, el aventurero. El que nunca se rinde, y siempre luchas por lo que quieres con pasión. Admiro tu firmeza y valentía.

A Isaías, mi *"cachetitos"*, joven de corazón noble y sincero. Tu sonrisa alumbra mis días y la llena de esperanza. Nunca dejes de sonreírle a la vida, sin importar lo que enfrentes. Tu optimismo y seguridad te guiará en cada cosa que decidas.

A mi Valeria amada, mi princesa y mi acompañante de ministerio. Niña de revelación y sabiduría. Tu corazón alegre y dulce, llena de energía cada uno de mis días.

Y por último, pero no menos importante, le dedico este libro a mi amiga, mi confidente, mi compañera de lágrimas y risas, a mi Ru. Gracias por cada conversación, hasta las largas horas de la madrugada. Gracias por cada risa que sacaste de mi corazón dolido. Gracias por tu compañía en esos momentos cuando más te necesité. Sé que ahora, estas morando con nuestro Señor Jesús y muy pronto nos veremos.

Agradecimientos

Te agradezco, Padre Celestial, por la sanidad de mi alma. Gracias, por esta oportunidad tan hermosa, de poder llegar a los corazones de cada mujer que ha de leer este libro y que sé que Tú, obrarás una sanidad tan poderosa como la recibí yo.

Gracias a Ramonita Benítez, por estar en todo mi proceso de sanidad y crecimiento que hasta hoy he experimentado y recibido. Gracias por tu bondad en cobijarnos y hacernos sentir parte de tu familia. No importó la distancia, siempre estuviste presente dándonos apoyo e inyectando fuerzas. Gracias por cada uno de tus consejos, cada corrección; gracias por tu sincera amistad. Gracias por tu insistencia con este libro, porque sin ella, este proyecto de amor no existiría hoy en día. Gracias amiga mía. Que el Señor Todopoderoso te bendiga y te guarde siempre, a ti y a tu casa.

Gracias Madeline González, comenzaste como editora de este libro y terminaste siendo pastora, confidente y amiga. Gracias por nunca rendirte conmigo y por tu paciencia. Que Jehová bendiga y guarde tu vida, tu casa y tu familia.

Prólogo

Que decirte acerca de esta historia de Elizabeth y de lo que ella ha dado a conocer en este libro sobre ella y el amor de Dios en su vida. Comenzó hace mucho tiempo, pues data desde la niñez de la escritora. Hay tanto que contar y que decir, que la autora resumió su vida y la convirtió en este hermoso libro que hoy sostienes en tus manos. *Un Llamado Inevitable* es un libro enriquecedor, que nos lleva a través de cada relato de la historia de Elizabeth a acercarnos más a Dios. En él, la autora nos muestra cómo nuestra vida es maravillosamente transformada cuando Dios se empeña con nosotros.

Según recorras las páginas de este libro, te adentrarás en la vida de Elizabeth Hernández y descubrirás la sensibilidad de su alma. Ella es un ser humano hermoso, espiritual y lleno de la Gracia del Señor. Al mismo tiempo, podrás descubrir a través de cada historia y cada experiencia de su vida, cómo Dios desde su niñez la eligió y se empeñó en que ella lo siguiera.

Al devorar estas aleccionadoras hojas de la vida de la autora, conocerás, comprenderás y entenderás que no existen casualidades sino causalidades dirigidas por Dios, que nos llevan a este tan deseado encuentro con el Señor y a recibir de Él, *Un Llamado Inevitable*.

Estoy convencida de que este libro te ayudará en tu crecimiento espiritual y que será de gran bendición para tu vida.

Dios te bendiga,

Ramonita Benítez

CONTENIDO

Introducción

Comencé a escribir mi historia, en una libreta, con mi puño y letra, donde describía cada una de las etapas de mi vida, especialmente y con mayor detalle, las dolorosas. Tenía el deseo de escribir sobre mi vida y las situaciones por las cuales había pasado, con el propósito de demostrar que Dios, estuvo siempre conmigo en cada una de ellas. Quería enfocar la fidelidad de Dios en medio de cada dificultad que viví, y Su cuidado en cada experiencia vivida. Inicialmente, el libro tenía un título ya establecido, *Ahora me toca a mí*. Tenía deseos de demostrarle al mundo, que no importa cual haya sido la razón por tu detenerte, debes tener la fuerza de voluntad, para demostrarle a todos, que eres lo suficientemente fuerte y valiente para levantarte.

Mi intención inicial era demostrar que somos capaces de vencer y sobrepasar por nosotras mismas todo nuestro pasado y lograr lo que pretendemos. Aunque mi enfoque era, poner a Dios como el agente catalizador, la realidad era que mi intención real, era enfatizar la fuerza de la mujer en superar sus dificultades a pesar de cualquier circunstancia. Llegó el momento, donde todo lo escrito en la libreta, estaba plasmado en computadora, tomando forma. Los títulos de los capítulos, la organización de la información, todo estaba casi perfecto. Tenía el mensaje motivador para todas aquellas mujeres que estaban llenas de odio y rencor por los golpes en la vida y querían comerse el mundo vivo. Pero Dios, tenía otros planes, se dañó el USB y perdí todo el libro. En medio de mi desesperación y frustración, busqué cómo podía arreglar el USB para obtener el libro pero no lo logré. Solo pensaba, en el trabajo y toda la dedicación que había puesto en el libro. Ahora, solo tenía las primeras anotaciones de cuándo comencé. Todo lo demás que había escrito, fue añadido mientras escribía nuevamente, en la computadora.

Un día, decidí comenzar de nuevo, sentada frente a la computadora; de momento, el Espíritu Santo habla a mi corazón y me dice: "el libro se llamará UN LLAMADO INEVITABLE". El titulo retumbó en mi corazón y en ese mismo momento entendí, lo que había sucedido, Dios deseaba tomar la batuta en el proyecto. La intención y el propósito cambiaron por completo. Ya no era un proyecto dirigido al dolor sino a la sanidad. En tres meses, logré desarrollar el libro nuevamente y en esta ocasión, buscaba la aprobación del Espíritu Santo en lo que estaba escribiendo.

Al principio, pensé que armar un proyecto como éste, era fácil y llevadero. Pensé, que era escribir mis experiencias y pensamientos, y nada más. Pero, Dios fue dejándome entender que el propósito del libro, tenía que primero cumplirse en mí antes que llegara en manos de ustedes. El enfoque tuvo un giro, ya no era un libro motivacional para las mujeres guerrilleras dispuestas a pelear con quien sea con sus propias fuerzas. Sino que Dios, comenzó con la sanidad y liberación de mi alma, para llegar a todas las mujeres y decirles, que todavía están a tiempo para sanar y que pueden ser libres del dolor y del sufrimiento de sus experiencias pasadas. Es entonces, que pueden ver y disfrutar, el propósito de Dios en su vida.

Llevo muy arraigada en mi corazón, la importancia de la sanidad del alma y como la misma, me ha llevado a una liberación hermosa en el Señor. Me aventuré, muy de la mano del Espíritu Santo, en los momentos de abrir el *baúl de mis memorias*. Cada vez que lo abría, había una sanidad esperando para mí, una restauración de mi estado almático enfermo y una renovación total de mi mente. Él se aseguró, que en cada capítulo, las memorias plasmadas, iban de la mano con mi sanidad y que tenían el potencial de sanar a otras. Logré distinguir el amor de mi amado Señor Jesús y cómo ese amor incondicional, eterno y perfecto, jamás se puede comparar con el amor de un hombre.

En cada capítulo traigo una enseñanza bíblica, una historia que aun hoy, tiene relevancia y trae el consuelo y la sanidad que necesitamos. Todos, en este caminar por la vida, tendremos aflicciones, experimentaremos dificultades, cometeremos errores y tomaremos decisiones incorrectas e inefectivas para el momento. Pero, por medio de estas historias bíblicas, pude ver que no somos tan diferentes cuando una crisis nos llega, tenemos las mismas incertidumbres los mismos temores que los que nos antecedieron, y solo Dios y Su Amor Eterno, es el constante de toda situación que experimentemos y es donde debemos siempre poner nuestra fe y confianza. En Dios, es nuestra certeza de gloria y de triunfo. Con Él, no hay duda que saldremos victoriosas y tendremos un resultado de bienestar y de prosperidad en todas las áreas de nuestra vida.

Tengo como expectativa, que toda mujer que lea este libro, decida dejar de abrazar el dolor y el sufrimiento del pasado y decida abrazar las promesas de Dios. Que se atrevan a ver el cumplimiento de un propósito sin límites para su vida. Que puedan caminar en toda la libertad del Espíritu Santo con seguridad y firmeza, hacia el propósito que Dios ha tenido para cada una de ella desde la eternidad. Deseo que griten a los cuatro vientos, que Jesús es el único que las puede sanar y libertar de toda su experiencia de dolor y sufrimiento, de toda desilusión y traición, de todo abandono y maltrato. Aprendí que cuando Dios se empeña de una mujer, es porque tiene *Un Llamado Inevitable* de parte de Dios y nada podrá detener su cumplimiento.

1

Todo aparenta haber comenzado mal

Nací en Kingston, New York, un 24 de septiembre de 1976. Vivía con ambos padres y mi hermano, que es dos años menor que yo. Existe un acontecimiento en mi niñez que me marcó negativamente y es una de las pocas que recuerdo. No sé si era tarde en la noche o de madrugada, pero sí recuerdo que lo ocurrido era algo normal en mi casa. Treinta y cuatro años atrás y yo con sólo 5 años de edad, escuchaba los gritos y las súplicas de mi madre para que mi padre no la golpeara. Los vasos de cristal caían al suelo; mi padre lleno de furia y con exceso de alcohol en su sistema, golpeaba a mi madre sin misericordia. De momento hubo un silencio… mi hermano y yo dormíamos en una cama muy pequeña en el comedor. Mi madre se acercó a mí, pidiendo que me sentara al lado de mi padre, quien estaba tirado en el suelo encima de los vidrios rotos. Miro a mi madre temblando y obedezco muy asustada. Me siento en el suelo y comienzo a sobarle la cabeza a mi papá. Miro nuevamente a mi madre, estaba toda golpeada, y la veo cuando abre la puerta y se va de la casa; dejándonos a mi hermano y a mí con nuestro padre borracho tirado en el suelo. No recuerdo nada más de esa noche; si mi madre estaba ensangrentada o qué golpes tenía. Mi memoria de este evento está parcialmente bloqueada y no me permite ver más allá de lo que relato.

Nací en un hogar no cristiano y lleno de violencia doméstica. Existe un detalle en la historia de mi niñez y que nunca entendí; mi padre golpeaba a mi madre y a mi hermano menor, pero nunca me golpeó a mí. En esta ocasión, había llegado el momento donde mi madre se cansó del maltrato en la que estaba sometida y huyó para no recibir más golpes. Vagamente, recuerdo a la niñera acercándose a mi hermano y a mí, para notificarnos sin ningún tipo de adorno que nuestra madre nos había abandonado. También recuerdo, que mi hermano comenzó a llorar desconsoladamente. Sin embargo, mi reacción fue, de solo mirar el televisor y no decir nada. Pasaron días antes de que mi padre supiera dónde estaba mi madre y fuimos a verla. Nos encontramos con ella en Lawrence, Massachusetts, donde familiares de ella la recibieron y la albergaron. Mi padre le pidió que volviera con él, pero ella no accedió. En ese momento, nos quedamos a vivir mi hermano y yo, con mi madre.

A pesar de pasar el tiempo y estar en un hogar sin maltrato con nuestra madre, mi hermano menor comenzó a manifestar situaciones emocionales por causa del maltrato que ya había recibido de parte de mi padre. Mi madre se pasaba de reuniones en reuniones durante todos los años de escuela de mi hermano, por su mala conducta. Expresaba un comportamiento muy dañino a causa del maltrato recibido y lo reflejaba en todas las áreas de su vida y en todas sus relaciones.

En mi caso, yo no manifestaba este tipo de conducta dañina durante ese tiempo. Solo tenía el corazón de una niña lacerada por una parte, y por otra, con la esperanza de que mis padres se unieran de nuevo. Mi sufrimiento era en silencio, pues no era de expresar mucho mi sentir. A pesar de mi tristeza, me desenvolvía activamente en la escuela, tenía buenas calificaciones y tenía buenas amistades. Lo que sí recuerdo era que, cuando visitaba a mis amistades, mi corazón estaba anhelante buscando el sentimiento de calor familiar, ese amor de familia que en mi hogar no experimentaba.

Aunque mi papá nunca me maltrató físicamente, como lo había hecho con mi madre y hermano, sí aconteció un evento en mi vida, donde sentí la vergüenza por parte de otra persona. Como toda madre soltera, mi madre tenía que trabajar muchas horas para sostenernos. A pesar de no ser golpeada físicamente, llegó el momento donde fui acosada sexualmente. En un cuido de supuesta confianza de un familiar, la hija de la mujer que cuidaba de nosotros, todos los días me manoseaba y me tocaba sexualmente. Esta mujer, se aprovechaba de mi inocencia y destruía lo poco que quedaba de mi niñez. Nunca le dije nada a mi madre, ni nadie se imaginó por lo que estaba pasando. Esta mala experiencia en mi vida, tuvo su fin cuando mi abuela materna llegó de Puerto Rico y comenzó a cuidarnos. Esos momentos traumáticos, fueron escondidos en algún lugar en mi subsconsciencia y ese secreto se quedó ahí por mucho tiempo.

Aparentemente, todo comenzó mal en mi vida. Si lo miramos con nuestros ojos humanos, intentando buscar qué de bueno podemos sacar de experiencias tan negativas y dolorosas, podemos decir que somos un verdadero fracaso. Es normal y común preguntarnos, ¿verdaderamente, Dios estaba presente? Es una pregunta que probablemente te haces. También te puedes preguntar, ¿si Dios estuvo presente, por qué no hizo nada para detener el maltrato que tanto daño hizo? Mientras estoy buscando en el baúl de mis memorias, para poder plasmar aquí mis experiencias, se humedecen mis ojos, pero no es porque no he sanado de estas experiencias, sino que estoy entendiendo el por qué siguen presentes en mi memoria. Es que por medio de ellas, he experimentado el amor sobrenatural de Dios y su total cuidado de mí. También me ha servido para tener misericordia de otros y ser de bendición al que también ha tenido un pasado igual de doloroso que el mío. Hoy en día, jamás pensé estar donde estoy ahora. A lo mejor no soy una cantante famosa o una abogada reconocida, pero si soy una mujer que se encontró con Dios en el camino y que ha podido experimentar una transformación del dolor y la amargura, a un gozo y una paz sin igual, para ser de bendición a otros.

En muchas ocasiones, deseamos bloquear u olvidar los momentos dolorosos de nuestro pasado. Deseamos que Dios borre de nuestra memoria cada acontecimiento que nos ha llevado a la desilusión y que en ocasiones le permitimos que nos aleje de la presencia de Dios. Te entiendo, y en algún momento de mi caminar, deseé lo mismo. Pero querido lector, esto no es lo que Dios quiere para nosotros ni es lo más saludable. Tenemos que tener memoria de lo que es necesario sanar. Dame una oportunidad de llevarte a entender la importancia de dejar que Dios sane tu dolor y te ayude a mirar cada una de estas experiencias de forma positiva a la luz de las Escrituras. *Un Llamado Inevitable* de Dios, me llevó a entender muchas cosas que el dolor no me permitía ver y te aseguro, que vas a entender la capacidad del amor de Dios en tu vida, de Su perdón, de Su poder reconciliador y Su propósito para ti, al finalizar la lectura de este libro.

En el libro del profeta Isaías 55:8, dice de la siguiente manera: *Porque mis pensamientos no son vuestros pensamientos, ni vuestros caminos mis caminos, dijo Jehová. Como son más altos los cielos que la tierra, así son mis caminos más altos que vuestros caminos, y mis pensamientos más que vuestros pensamientos.* Nuestra mente humana, jamás va a poder entender y alcanzar la mentalidad de Dios mientras estemos llenos de dolor y amargura a causa de nuestras experiencias negativas vividas. Pero cuando recibimos la gracia de Dios y le permitimos a nuestra alma ser sana, Él en Su misericordia nos revela Sus pensamientos y Sus caminos. Es por esto que, a pesar de estas experiencias tan penosas y negativas que hemos vivido, con todo, Dios tiene un plan perfecto y lleno de vida trazado para nosotros. Te aseguro que tu plan ya está diseñado por Dios, que es Soberano y está esperando que te lances para descubrirlo.

Dos mujeres, una crisis

Navegando en el baúl de mis memorias, encuentro algunos detalles de mi niñez y puedo analizar las crisis que he logrado superar con la ayuda de Dios. He entendido, que en medio de una crisis familiar, cualquiera que sea, no tan solo una persona se afecta por la situación que está ocurriendo, sino que todos los componentes de esa familia se afectan de igual o mayor manera. Acompáñame a conocer una crisis familiar, donde dos mujeres están afectadas con situaciones distintas por una misma crisis, pero al final esas situaciones caen bajo un solo denominador, un embarazo, que aunque prometido, no se manifestaba y el resultado que causó este "retraso" en la promesa.

En el capítulo 12:1-3 del libro de Génesis, presenta el llamado que Jehová le hace a Abram, esposo de Saraí, para que salgan de su tierra y parentela, al lugar donde Él le iba a mostrar. Adicional al mandato que le hace, le declara cuatro puntos muy importantes. Primero, Jehová le dice a Abram que hará de él, una gran nación. Luego, le dice que lo va a bendecir grandemente. En tercer lugar, le promete Su cuidado diciendo, que todo aquel que lo bendijere también será bendecido por Dios y de igual forma todo aquel que maldijere a Abram recibirá maldición. Por último, le dice, que todas las familias de la tierra serán benditas por causa de Abram.

Me imagino a Abram, enfocado por completo en lo que Dios le había prometido. Dejó todo lo que conocía y comenzó su aventura de ir al lugar que Jehová le había prometido y le iba a mostrar en el camino. Y como todo matrimonio, que está en sus planes de tener hijos, me imagino que ambos, iban a estar esperando con ansías esa promesa de Dios. A pesar de, Jehová no especificar en ese momento un hijo, sí le dijo, que iba a hacer de él, una gran nación. Había una promesa, y ambos estaban buscando que se cumpliese, pero nada estaba pasando.

En Génesis 15:1-3, nos presenta, que Jehová se le revela a Abram nuevamente, esta vez en visión. Dios conoce cuando estamos ansiosos, a lo mejor decaídos y por eso siempre llega a tiempo. Me imagino a un Abram ansioso y Saraí, probablemente estaba el doble, porque todavía no quedada embrazada y los años seguían pasando. Podemos notar la ansiedad de Abram, por la forma en que se expresa delante de Dios: *Y respondió Abram: Señor Jehová, ¿Qué me darás, siendo así que ando sin hijo, y el mayordomo de mi casa es ese damasceno Eliezer? Dijo también Abram: Mira que no me has dado prole, y he aquí que será mi heredero un esclavo nacido en mi casa.* Sin embargo, en el versículo 4, Dios le aclara a Abram, que no lo iba a heredar el esclavo de su casa, sino que lo iba a ser un hijo propio de él.

Esta noticia es de gran emoción para Abram y probablemente, cuando se lo menciona a su esposa, ella de igual forma se emociona. Pero, también iba a comenzar las presiones, porque ellos querían ver el cumplimiento de esa palabra. La posición de Saraí mientras pasaban los días, semanas, meses y hasta años y de no ver el embarazo surgir, debió ser bien desesperante. Ella, probablemente, además de la frustración, estaba dolida, desconfiada de ella misma, porque no estaba cumpliendo como mujer ni como esposa. Pasaba el tiempo, pero no llegaba el hijo que Jehová le había prometido a Abram.

Esto, es un punto muy importante que deseo señalar. Esta promesa, de ser una gran nación y que sería de sus propios lomos, se le había hecho a Abram; Dios no se le había revelado a Saraí. Ella, estaba a lo mejor, luchando con su parte humana de la duda. Probablemente, tenía sus cuestionamientos, en especial, cuando veía que el embarazo no llegaba: "¿Será verdad todo lo que dice Abram?" "¿Dios le habrá prometido un hijo?" "¿Si es así, porque no estoy embarazada?" Existen tantas preguntas en medio de una crisis, y muchas de ellas, sin una respuesta concreta ni definida. En ocasiones, se pierde hasta la fe, porque no vemos que acontece nada de lo que Dios había dicho. Saraí estaba en esa misma posición de incertidumbre, y para lograr ver el sueño de Abram, de ser padre de una nación poderosa, tomó la decisión de ayudar a Dios en medio de su desespero.

Ahora veamos a la otra mujer de esta historia. Según las Escrituras, en Génesis 16, Agar, provenía de Egipto y le servía a Saraí, mujer de Abram. Si analizamos el estatus social y mental de Agar en el campamento de Abram, podríamos decir que la misma no era favorable para ella. Agar, era una mujer extranjera en el campamento de Abram, que no estaba con su familia, no estaba en su tierra y mucho menos estaba en su propia cultura. Me imagino que no tenía amigos, gente de confianza a su alrededor, se sentía sola, aprisionada, abandonada a un mundo muy diferente al suyo, sirviendo a gente diferente y desconocida con creencias y costumbres muy diferentes a la de ella.

Ahora, tenemos en esta crisis familiar, dos mujeres con diferentes crisis personales. Por un lado, se encuentra Saraí, frustrada porque no quedaba embarazada, viendo como cada mes pasaba y nada sucedía, sintiéndose culpable por no satisfacer la necesidad del cumplimiento de la promesa que Dios había hecho a Abram. Para una mujer que tenía todo un campamento bajo su control, que diariamente resolvía situaciones presentadas y tomaba decisiones sobre el manejo del campamento y el bienestar general de una comunidad, cada vez que veía su ciclo menstrual debía ser un tormento inmenso para su alma. Ella, acostumbrada a cumplir con los deseos y necesidades que su marido le confiara y ver que este asunto no lo lograba resolver, creaba una ansiedad mental y física, una baja auto estima y una desconfianza en su capacidad, tanto como esposa y líder. Tampoco, Jehová se le había revelado a ella, por lo que seguramente, la duda y la desconfianza tanto en ella como en Abram, permeaba en toda la relación cotidiana entre ellos y en la veracidad de la promesa.

Por otro lado, tenemos a Agar, de la tierra de Egipto. La costumbre hebrea define a Agar, como hija del Faraón que le fue entregada a Abram después del suceso entre Abram, Saraí y el Faraón. De ser así, Agar pasa de ser hija del Faraón y vivir en el palacio, a ser sierva y vagando con gente extraña para ella. Esto constituye un cambio bastante drástico; sierva, lejos de la familia y una cultura, totalmente diferente, de donde creció y fue enseñada. Su estado mental y emocional, junto con la insatisfacción de estar en un lugar no deseado ni escogido por ella ni para ella, la mantenía en un estado de desconfianza y de supervivencia, creando un ambiente seguro para ella.

Ambas mujeres, Saraí y Agar, son mujeres en un lugar común, con una problemática realmente presente, que tiene cada una, unas necesidades totalmente diferentes, con una expectativas y experiencias diferentes, en un entorno donde se espera de ambas, que cumplan con su responsabilidad; una como ama y la otra como sierva. Pero, llegó el momento en que Saraí toma una decisión, la cual involucra a Agar y que llega a crear una crisis mayor en la vida de ambas. Esa crisis familiar, es un embarazo, prometido y en "retraso" de su cumplimiento.

Pasado un tiempo, sin los resultados a favor de este propósito, a Saraí le pareció buena la idea en poner en marcha los planes de Dios para su casa e incluir a Agar en ese plan. Total, si era cierta esta promesa y Dios había dicho que era de los lomos de Abram, si ella estaba en el asunto o no, no era lo importante. Lo importante era, que Abram no muriera sin descendencia. Al no ver que quedaba embarazada, Saraí le ofrece a su marido Abram, su sierva Agar, para que él tuviera hijos, aunque no fuese de su vientre. En ese momento, Agar, que no tenía ningún poder decisional sobre el asunto, probablemente, pensó que era una excelente idea para mejorar su presente estado de esclava. Seguramente, pensó que tener un hijo del patriarca, traía consigo beneficios permanentes para ella y de ser vista y tratada por todos en el campamento con un mayor nivel de respeto y honra. De seguro, su estatus cambiaría, tendría ella misma sirvientes y hasta su propia tienda. Ya no tendría que estar bajo el servicio de Saraí, sino que ella también tendría algún nivel de autoridad y de poder decisional. Me imagino, que fueron tantas las cosas que pasaron por su mente, hasta que toda esa alegría se tornó gris y lo que posiblemente, Agar pensó que iba ser de agrado y de alegría, se tornó amargo y doloroso al quedar embarazada de Abram.

La primera pregunta que viene a la mente de todos, cuando llega estos momentos de crisis y dolor en nuestra vida es, ¿Por qué? Esta misma pregunta, probablemente, se la hizo Saraí muchas veces, mientras esperaba un supuesto cumplimiento y no ver nada; y más al ver a Agar embarazada por Abram. Para Agar, que también estaba experimentando su crisis emocional completamente sola, llega una oportunidad, que ella jamás pensó que fuera posible. Pasar de ser sierva, ahora, iba a ser madre del hijo del patriarca, y esto, debía mejorar las cosas para ella. Pero ambas mujeres, solo vieron su crisis personal empeorar, mientras pasaba el tiempo y el embarazo de Agar progresaba.

Agar, no pidió involucrarse en esta situación matrimonial. Ella jamás se ofreció a prestar su vientre, para que ellos tuvieran el hijo que les había prometido Jehová. Pero, aun así, fue incluida en la crisis matrimonial y ella en su posición como sierva, no se podía negar. Sin embargo, la crisis familiar fue empeorando, porque ahora Saraí, está siendo menospreciada por quien es su sierva Agar y por ella no ser la que está embarazada. No tan solo, Saraí se siente menospreciada por Agar, creando un sentimiento de desprecio y de celos hacia Agar, sino que, como ama de Agar, Agar era maltratada y afligida por Saraí. Ambas mujeres, convirtieron sus crisis personales, en una bola de nieve gigantesca y todo por un solo denominador, el embarazo prometido.

Cuantas experiencias amargas se arrastran, porque todavía estás tratando de entender el porqué de los sucesos ocurridos en tu vida. Cuantas experiencias dolorosas te cargan a tal nivel, que llega a ser tu prioridad total. Se pierde el sueño solo pensando en ese suceso, que tanto ha marcado tu vida. La situación dolorosa experimentada, logra afligirnos como el mismo David dijo en Salmo 32:3: *Mientras callé, se envejecieron mis huesos en mi gemir todo el día.* Tu dolor, tu aflicción y tus tristezas, mientras no se confiesen delante de la Presencia del Señor, te mantendrán envejeciendo tu alma y tu cuerpo. Agar, no soportó más ser afligida por Saraí, a causa de su embarazo, y huyó del campamento de Abram. El verso seis nos dice: *Y respondió Abram a Saraí: He aquí, tu sierva está en tu mano; haz con ella lo que bien te parezca. Y como Saraí la afligía, ella huyó de su presencia.*

Ahora, Agar, al tomar una actitud de altivez y orgullo contra Saraí, ella misma se coloca en la crisis del rechazo por parte de su señora Saraí. A causa de la actitud tomada en medio del embarazo hacia Saraí, Agar crea otra crisis. Esto, es una lucha de sobrevivencia de ambas. Ahora, Saraí, entre su amargura y su dolor por no estar embarazada, aumenta su sufrimiento por el desprecio demostrado por su sierva hacia ella. Para añadir más dolor, probablemente, Abram cuidaba de Agar por el embarazo; la emoción de su primogénito y de ver el cumplimiento de la promesa que Dios le había hecho, tomaban especial trato y consideración hacia Agar. Pero, al ver que se forma la contienda entre ambas mujeres, Abram decide no tomar favor hacia ninguna de las dos partes y con esta decisión, Abram abandona a Agar a la suerte de Saraí.

Sin embargo, Agar, está en dos procesos dolorosos, muy distintos uno del otro y por personas diferentes. Por parte de Saraí, Agar recibió la humillación y el maltrato, mientras que por parte de Abram, recibió el rechazo y la indiferencia. Existe la probabilidad, de que Agar, esperara la reacción de celos de su señora y sería entendible. Pero probablemente, jamás se esperaba, que el padre de su hijo, la abandonara por completo y no se hiciera responsable de ambos. Según el diccionario Word Reference, la definición de afligir es: *sufrimiento físico, tristeza o pena*; y abandonar se define como: *dejar, desamparar*. Lo curioso es que Agar, significa: *la que vaga o huye*. Podemos entonces decir, que Agar, reacciona a esta situación de crisis en su vida de la única manera que sabe hacerlo, huyendo de ella. Son muchas las personas, que han experimentado maltrato físico y/o emocional. También, existen aquellas, que han experimentado el dolor del abandono, y a causa de estas experiencias negativas, al igual que Agar, han estado huyendo toda la vida para no llegar a ser lastimados nuevamente, porque aún esas heridas duelen y sangran.

Agar huyó, y relata la historia en el versículo siete, que en el camino, el ángel de Jehová la encontró junto a una fuente de agua en el desierto, fuente que se encontraba en el camino Shur.

La historia de Agar, es muy conocida y se puede decir que se ha escuchado en muchas predicaciones, en congresos de mujeres, etc. Pero, cuando comencé a leer y a estudiar esta historia con más detenimiento, ministró a mi vida de una forma muy especial. Este verso siete, trae alusión a algo que ocurre en nuestra vida en muchas ocasiones, especialmente, cuando estamos en medio de la crisis y el dolor.

Agar, embarazada en medio del desierto; estaba fatigada, cansada, y tuvo que detenerse ahí porque no tenía más fuerzas. ¿Acaso, Agar, se había dado cuenta de que estaba justamente en el lugar donde podía recibir refrigerio? ¿Se habrá echado a morir al lado de la fuente? ¿Acaso, ella, habría perdido toda esperanza para su vida y su futuro? Otro dato interesante es, que Shur (lugar donde se detuvo Agar en el desierto) significa: *muro, pared o cercado.* Para Agar, había una pared delante de la solución, porque estaba tan cargada con el maltrato y con el sentimiento de abandono, que no se dio cuenta que ella había llegado al lugar correcto para obtener la ayuda y la fuerza que necesitaba para seguir hacia adelante.

El camino de Shur representa, mi decisión de quedar obstinado en el dolor y la tristeza. Es cuando, decido mantener mi mente cercada solo por el recuerdo de lo que sufrí. Si, dije decidimos, porque es una decisión que se toma, de continuar con esta pared delante del camino del dolor y de no beber de la fuente de agua viva que tiene el Señor para sanarme.

Aunque, todo aparenta haber comenzado mal en medio de la vida de Agar, en ese mismo camino es que llega el rescate perfecto. Dios sabe, cuándo estamos huyendo y de qué estamos huyendo. Pero, aun así, Agar fue confrontada con su decisión y su realidad. El verso ocho dice: *Y le dijo: Agar, sierva de Saraí, ¿de dónde vienes tú, y a dónde vas?* Tengo que confesarte, la pregunta me confrontó, porque como Agar, yo estaba cercada por mi dolor y mi sufrimiento. ¿De dónde, verdaderamente, venimos huyendo? ¿Acaso, de las malas experiencias, de una vida llena de dolor y sufrimiento, de traiciones y desilusiones? ¿Acaso, por la incertidumbre de lo que me espera? ¿Cuál es el recuerdo que te ha llevado a huir por tantos años?

No hay que huir más, porque Dios siempre llega en el momento preciso a nuestra vida. Cuando menos pensamos que Él no va a socorrernos, llega. Dios, sabe muy bien de dónde vienes huyendo, pero Él no quiere que huyas más, sino que te detengas en el camino un momento y vayas delante de Su presencia y recibas sanidad. ¿Por qué es necesario sanar? ¿Por qué es necesario quitar esa pared del pasado, que no te permite ver más allá de lo que estás viendo ahora? La pared del dolor, la angustia y el sufrimiento, te mantiene ciega a lo que Dios tiene para tu vida, ni te permite conocer el camino que tiene Dios trazado para ti.

En ese mismo verso ocho, el ángel de Jehová le pregunta a Agar, hacia dónde iba. Probablemente, Agar, sabía hacia donde ella iba. Ella quería regresar a su casa, a su cultura, a lo que ella conocía, al área de su confort. Pero su crisis emocional, sus heridas y su dolor no le permitían ver el plan de Dios para su vida. Cuando estamos en esa condición de desenfoque, Dios nos tiene que dirigir hacia el camino correcto. Dios, no dejó que Agar regresara a la tierra de donde Él la sacó, sino que le reveló Su propósito y la razón por la cual tenía que regresar de vuelta a Saraí. El plan de Dios para Agar, traía una promesa de bendición sobrenatural y era en el lugar de aflicción, que ella recibiría su recompensa.

¿Qué crees del camino que le tocó a Agar regresar? Nuestra mente humana diría, no creo, no lo voy hacer. Ahora, vamos a ver, lo que Dios le estaba diciendo a Agar. De Agar, haber continuado el camino exactamente como estaba en ese momento, ¿crees que iba a conocer cuál era la voluntad de Dios para su vida más adelante? ¿Hubiese podido sanar? Dios le estaba diciendo: "ve y sana cada herida; ve y perdona y pide perdón a la mujer que te lastimó; ve y perdona al hombre que te abandonó". Éste, es el paso que debemos tomar cada uno de nosotros. Dios, nos está diciendo, que antes de continuar en el camino, tenemos que ir y sanar, ir y perdonar, ir y restaurar. Cabe aclarar, que no estoy diciendo ni creo, que es volver al maltrato, sino al lugar de tu corazón, donde se encuentra el recuerdo del dolor de ese maltrato, para que perdones y seas sanado para poder continuar. El plan de Dios para nuestra vida, más adelante se tiene que cumplir, pero antes, es necesario, estar sano.

Al igual que Agar, hay un plan perfecto de Dios escrito para tu vida. Pero, no lo podrás ver, sin antes, quitar la pared del dolor y la falta de perdón. La decisión era de Agar regresar a Saraí, y esta decisión portaba una promesa eterna. En el verso diez, Dios le revela su propósito y dice: *Además le dijo el ángel de Jehová: Multiplicaré tanto tu descendencia, que no podrá ser contada a causa de la multitud.* No solo, Dios estaba atento a Agar, sino que también, estaba trabajando en el corazón de Saraí. La promesa redentora de Jesús, era demasiado importante, para que ellas, se convirtieran en un obstáculo al Propósito Eterno de la Salvación. Dios cuidaba de ambas, y en ellas, Dios mostraría, no solo Su fidelidad, sino Su amor por dos pueblos. Esto, nos habla de una total confianza en Dios y lo que nos ha prometido.

Así como, Dios llegó a la escena de Agar, para rescatarla y encaminarla nuevamente en el camino correcto, Dios también, llegó a la vida de Sara, para recordarle, que Él no se había olvidado de la promesa que le hizo a su esposo Abraham, y de la cual ella, era parte esencial en ese Plan Eterno. En esta ocasión, Él quería revelarle esa misma promesa hecha a Abram, a ella personalmente. En Génesis 18:1-8, nos relata, que tres varones llegaron hasta donde estaba Abraham, mientras él estaba en la puerta de la tienda, durante el día. Abraham, inmediatamente, reconoció que Aquel, quien lo había llamado aquel día, lo vino a visitar. Sara, comenzó a preparar todo, como su esposo le había solicitado, para atender a los varones visitantes. Me imagino a Sara, haciendo los preparativos necesarios, como en cualquier otra ocasión, cuando su esposo se lo solicitaba. Recuerda, que la revelación fue dada a Abraham, por lo tanto, él iba a esmerarse para servir a su Señor, porque ya se le había revelado. En el verso nueve nos dice: *Y le dijeron: ¿Dónde está Sara tu mujer? Y él respondió: Aquí en la tienda.*

Era el momento, de Sara recibir la revelación de la promesa, que Jehová le había hecho a Abraham hace mucho. Había pasado tanto tiempo, que ya Sara, probablemente, se había dado por vencida, porque la probabilidad, según la perspectiva humana, se veía imposible. Pero, las promesas de Dios, nunca caen en tierra y perecen. Dios, había prometido un hijo, y no importa el tiempo esperado, ni tampoco, importando, los errores cometidos, Dios cumple Sus promesas. En los versos 10 y 11 dice: *Entonces dijo: De cierto volveré a ti; y según el tiempo de la vida, he aquí que Sara tu mujer tendrá un hijo. Y Sara escuchaba a la puerta de la tienda, que estaba detrás de él. Y Abraham y Sara eran viejos, de edad avanzada; y a Sara le había cesado ya la costumbre de las mujeres.*

Si vamos a mirar las cosas, como Sara lo estaba mirando, tendría que sentarme con ella y acompañarla en su incredulidad, porque si hasta ahora, no había quedado embarazada, de seguro, ya no había posibilidad ninguna de ella caer embarazada, ya que su menstruación, ya no se asomaba. Estos, son los escenarios que le gustan a Dios. Los escenarios, donde las personas han perdido la fe. Cuando ya se piensa que Dios, se olvidó de nosotros, ese es el momento, donde Dios nos hace la misma pregunta que le hicieron los varones, cuando Sara se rió. *Entonces Jehová dijo a Abraham: ¿Por qué se ha reído Sara diciendo: ¿Será cierto que he de dar a luz siendo ya vieja* (v. 13)? Sara, ya había perdido toda la esperanza, porque ni tan si quiera se dio cuenta, que Jehová la fue a visitar a ella, para revelarle la promesa. Este es el cuidado de Dios con nosotros, Él sabe lo que nuestra alma necesita, para sembrar la fe y hacerla surgir. Siendo un Dios misericordioso, no impone Su voluntad, sino que nos hace partícipe de ella y nos da Paz.

En medio de una crisis, se pierde la fe y en ocasiones, hasta la confianza en que Dios ha de realizar lo que un día prometió. Nos enfocamos en el dolor y nos olvidamos que Dios acciona en medio de las circunstancias imposibles. Jehová, le dijo a Abraham, en el verso 14: *¿Hay para Dios alguna cosa difícil? Al tiempo señalado volveré a ti, y según el tiempo de la vida, Sara tendrá un hijo.* No hay nada imposible para Dios. Dios se glorifica en medio de lo imposible, para que Su nombre sea engrandecido y glorificado.

Dos mujeres, en medio de diferentes circunstancias difíciles, y que emocionalmente explotaron bajo un denominador común, un embarazo prometido y en "retraso". No sé cuál es tu crisis, ni tampoco sé si le crees a Dios o no. Pero, algo sí quiero decirte, las circunstancias de mi niñez marcaron mi vida de forma drástica y a tal punto, que aún después de adulta, la necesidad de sentir ese calor familiar continúo latente en mi corazón. Esta necesidad apremiante en mi vida, me ha llevado a cometer muchos errores. Pero Dios, en su infinita misericordia me amó, me ama y me seguirá amando. Porque aun sabiendo que le fallaría, nunca se rindió, sino que me sanó y me ha levantado para que te dijera hoy, que no importa cómo comenzó tu vida; sea el abandono, la traición, si te ultrajaron o golpearon, Él ha llegado para sanar cada una de tus heridas, así como lo ha hecho conmigo. Aquella niña, que un día estaba sucumbida en el dolor como Agar y como Sara, hoy está de pie diciendo, que Jesús está a la disposición de todos para hacer el milagro que hizo conmigo, salvarme a través del derramamiento de Su sangre y traerme sanidad y paz.

Dios es maravilloso, aparentemente todo comenzó mal; ¿pero sabes?, nuestra vida en el Señor es algo hermoso y asombroso. Él ha llegado a nuestro camino para restaurar, sanar heridas, sanar el dolor. Si estas junto al pozo en el camino Shur, no te tires a morir, sino, sumérgete en el agua donde serás transformada, restaurada y te aseguro, que sentirás en tu alma, la diferencia que trae la sanidad de Dios. Tus ojos serán abiertos a todas las posibilidades y verás tu vida, de otra forma, con propósito y con un futuro lleno de esperanza y paz.

2

Frágil, pero con llamado

Cuando se navega por las páginas de la Biblia, podemos apreciar el llamado de Dios, tanto a hombres como a mujeres. En ella, se narran las experiencias muy amargas y también las experiencias muy hermosas, que suceden en estos llamados de Dios. La Biblia registra ambas experiencias, para que todo aquel que lea, entienda, que Dios siempre está presente no importando la circunstancia que estás viviendo.

¿Qué es un llamado? Según el Diccionario de la Lengua Española, la definición de llamar es, *dar voces o hacer señales para atraer la atención de una persona*; y el significado de llamamiento es, *una citación o convocación*.

No sé cuál sea tu experiencia cuando lees los llamados que Dios hizo a cada uno de estos hombres y mujeres de la Biblia, pero la mía es, que al leer estas experiencias extraordinarias de sus llamamientos, lo primero que viene a mi mente es: "Esto jamás sucederá en mi vida. Lo anhelo pero dudo que suceda." Lo interesante es, que aunque pensamos que no somos merecedoras de un llamado, Dios hace mucho nos llamó, nos hizo señales para llamar nuestra atención, pero aun así, no creemos haber sido escogidas. El pasado y las circunstancias experimentadas en la vida, no determinan, la perfecta voluntad de Dios en la vida de una mujer. Vayamos a la luz de las escrituras: *Mi embrión vieron tus ojos...* (Salmo 139:16); palabras dichas por un hombre imperfecto, pero que fue considerado como alguien conforme al corazón de Dios. En ocasiones, las experiencias de la vida nos llevan a olvidar que Dios está por encima de todo y Su plan perfecto está establecido para nosotros desde antes de nacer, desde que estamos en el vientre. Desde ese momento, el Creador tomó de su tiempo para formar todo y Él está teniendo contacto directo con cada una de nosotras. El Rey David nos está diciendo en este verso del Salmo, que Dios nunca nos abandonó y que Él siempre está presente en nuestra vida. Culmina diciendo este versículo: *...Y en tu libro estaban escritas todas aquellas cosas que luego fueron formadas, sin faltar una de ellas.* Si en algún momento has pensado que Dios no tenía un plan o propósito contigo, este versículo te dice lo contrario y te dice que la perfecta historia de Dios estaba escrita para ti y para mí desde siempre. Pero en ocasiones, llegan dudas y preguntas, tales como: "¿Señor, si tienes algo tan grande para mí, por qué viví todas estas cosas?"

No te adelantes en entender todo de inmediato, sino que vayamos al paso. Dios quiere que entiendas, que sí, existe un propósito y está escrito especialmente para tu vida. Esto no lo escribo por escribirlo, al contrario, existe evidencia Bíblica, donde presenta la Omnisciencia y Omnipresencia de nuestro Dios. Un excelente ejemplo de este concepto es, el profeta Jeremías: *Vino pues, palabra de Jehová a mí, diciendo: Antes que te formase en el vientre te conocí, y antes que nacieses te santifiqué, te di por profeta a las naciones* (Jeremías 1:4-5). El profeta Jeremías, en ese momento, fue llamado por Dios para algo extraordinario y jamás pensó que Dios no estaba mirando sus limitaciones, sino que Dios, estaba mirando un profeta que se levantaba en Su Nombre. El llamado de Jeremías fue en medio de una crisis de todo un pueblo. El pueblo de Israel estaba en cautiverio en Babilonia. El escenario de Jeremías, no era la más agradable para un llamamiento. En muchas ocasiones, identificamos nuestra crisis como un olvido de parte de Dios, pero la realidad es, que Él lo está utilizando para el llamado que tiene en nuestra vida.

La crisis no está diseñada para nuestra muerte, es en el proceso, dónde somos formados para *Un Llamado Inevitable*, que Dios tiene para nuestra vida. Jeremías, no tan solo expuso sus limitaciones, sino me imagino, que en su mente tenía una lucha constante por la situación que ocurría a su alrededor. Las circunstancias en las que se encontraba el pueblo, no lo animaba a creer en ese llamado que Dios le estaba haciendo. Pero Dios, no mira nuestras limitaciones, ni mira las circunstancias que nos rodea, sino que Él nos llama, porque Él nos mira, quienes somos según el llamado que nos está haciendo.

Pensando en las limitaciones que según nosotras, tenemos ante un llamado que Dios nos haga, me lleva a recordar cuando Dios comenzó a realizar en mi vida, *Un Llamado Inevitable*. Acompáñame al baúl de mis memorias.

El baúl de mis memorias: Siendo frágil, Él me llamó

Tenía aproximadamente, catorce años de edad, más por mi mente jamás pasó Dios. Me mudé a Puerto Rico en el año 1990, porque el desarrollo de mi adolescencia fue muy difícil y lo demostraba en mi rebelión y mala relación con mi mamá. Todo resentimiento, coraje y dolor que había dentro de mí, lo reflejaba en mi conducta. Mi madre entendía, que yo necesitaba un cambio y nos mudamos a Puerto Rico. Ya establecida en Puerto Rico, en mis estudios y en mis nuevas amistades, llegó un momento, donde había algo dentro de mí, que anhelaba algo más y que no podía explicar. Era un anhelo de ir a la iglesia, un deseo que no entendía, pero estaba en mí querer obedecer lo que me estaba llamando. Comencé a visitar a la iglesia Católica fielmente todos los domingos, buscando llenar el vacío que sentía y la urgencia de un llamado que no conocía. Aun así, cada día ese anhelo crecía más, mi alma, estaba gritando que necesitaba la intervención de Dios en mi vida. Hoy, estoy segura que Dios me llamaba para que le conociera.

Pero llegó el momento, donde el deseo ardiente de Dios que estaba dentro de mi corazón, no duró por mucho tiempo. Mi fragilidad emocional, a la cual también se le añade, una desilusión amorosa muy fuerte, no permitía que me mantuviera en la búsqueda de aquello desconocido, que en aquel tiempo no sabía lo que era. Mi necesidad de ser aceptada por alguien, permitía que cualquier corriente que se me presentará en el camino me llevara. Me desvié por otro camino, que para mí entendimiento, sería mejor. Otra persona tocó a las puertas de mi corazón y yo sin pensarlo, las abrí. Él era un chico popular, tenía ojos verdes y de hermoso parecer, entonces, ¿quién no quería estar con él? Olvidé de mi experiencia espiritual y olvidé de aquella voz que me llamaba. El deseo y el anhelo de conocer a Aquel quien me estaba llamando, se durmieron. Me entregué a este chico y cuando menos lo imaginaba, quedé embarazada a mis dieseis años de edad. Sin embargo, mi corazón todavía anhelaba el amor verdadero y de un encuentro personal con Dios.

Aunque siendo muy joven, deseaba tener al bebé que llevaba en mi vientre. En mi ignorancia de juventud, entendía que si fui lo suficientemente grande para tener relaciones sexuales sin protección, también era lo suficientemente grande para tener y cuidar a mi bebé. El chico, a pesar de no estar de acuerdo con el embarazo, aceptó mi decisión de tener el bebé. No me abandonó, ni me dejó, sino que continuamos con nuestra relación y en mi inocencia pensé, que ésta relación iba a ser para toda una vida. Verdaderamente, pensé que iba a tener una familia unida y feliz, y a los diecisiete años de edad tuve a mi primogénito. Tuve un varón de seis libras y tres onzas de peso y midiendo diecinueve pulgadas y media. A los dieciocho años de edad, el padre de mi bebé y yo, comenzamos a convivir juntos y nuevamente, yo estaba embarazada.

Pero, todos los sueños que tenía pronosticados para mi familia, comenzaron a desvanecerse. Recuerdo un día, mientras estábamos hablando, miro su brazo y noto que tenía la marca de un pinchazo. Le pregunté inmediatamente, de qué era el pinchazo y su respuesta fue, que se había hecho unos laboratorios de sangre. Yo era muy inocente, inmediatamente, le creí y continuamos con nuestra conversación sin ninguna más referencia del asunto. Existen algunas experiencias en nuestra vida, que chocan con nuestra realidad y son evidentes. Sin embargo, existen unas experiencias, que las consideramos como algo insignificante y no le damos la importancia pertinente. Esta diferencia entre experiencias y el saber notar tales diferencias, depende de cuan preparados estamos para recibir ese acontecimiento. Con solo dieciocho años de edad, yo choqué con una cruel realidad y que solo la pude superar con la ayuda de Dios; mi príncipe azul era un adicto a las drogas.

Por mi parte, yo cumplía con lo que consideraba era, mi responsabilidad como esposa; me ocupaba de él, de mi hijo y del hogar. Entre las tareas del hogar, estaba preparando la ropa para lavar. Siempre, mi madre tenía la costumbre, de verificar los bolsillos de los pantalones, antes de lavar la ropa y así mismo hacia yo. Ese día, encontré en un bolsillo de su pantalón, una jeringuilla y una pipa que se utilizaba para fumar crack. Sabía lo que era, porque había tomado talleres en la Escuela Intermedia sobre las drogas. Solo, puse las cosas que había encontrado sobre el gavetero en nuestro dormitorio, y continúe lavando ropa. Todavía, recuerdo esto y mi corazón quiere salir de mi pecho. No quise creer lo que estaba viendo y quise ignorarlo como si no lo hubiese encontrado. Él, al ser confrontado con las cosas que encontré, me reclamó el por qué había buscado en los bolsillos de su pantalón. Yo solo me quedé callada, no sabía ni qué contestar y me dio mucho miedo esta realidad en la que me encontraba de la drogadicción.

Pero algo dentro de mí, adicional al miedo, me decía que pronto iba a estar en una gran pesadilla. Para él, ya todo estaba descubierto y no había que esconder más lo que él era. Comenzando de esa noche en adelante, él entraba al baño desde las cuatro de la tarde y salía a las siete, ocho, o podía ser, hasta las nueve de la noche. El baño de nuestra casa, era su hospitalillo. Mi recuerdo es, el ver todos sus brazos ensangrentados por las diferentes áreas que se había inyectado. Él, luego de su sesión de drogarse, se sentaba al lado mío y solo me miraba. Yo solo lloraba, preguntándole el por qué hacía eso. Me sentía desesperada, sin control, con un terrible temor de él y de mi realidad en ese momento.

En uno de esos días, recuerdo que ya yo tenía varios meses de mi segundo embarazo y él me dijo que tenía que abortar ese segundo bebé porque no lo podíamos tener. Me llevó a la cocina y me obligó beber unas pastillas y una malta caliente. Esa noche, hice mi primera oración sincera a Dios, aunque todavía no le había conocido íntimamente. En una oración muy corta, pero sincera, le dije a Dios: "Señor perdóname, por favor que no le pase nada a mi bebé." Dios me escuchó y mi hijo, milagrosamente se salvó de ese intento de muerte y hoy, mi hijo tiene veinte tres años de edad.

Quisiera testificarte que todo culminó ahí, pero no puedo, porque cada día la situación se ponía peor. Ya yo no quería que llegara la noche porque me obligaba a tener relaciones sexuales con él toda la noche; aun sin desear estar con él. Llegaron momentos donde me golpeaba físicamente y con sus palabras, me humillaba hasta lograr destruir la poca autoestima que quedaba en mí. Yo quería huir pero no me atrevía, sus amenazas constantes en matarme, si en algún momento decidiera terminar con él, junto con sus palabras manipuladoras y abusivas, no permitía que ningún tipo de valor saliera de mí. Estas palabras manipuladoras, repitiéndome todos los días: *"no me han matado porque tú estás conmigo"*; me mantenían paralizada en una gran pesadilla. Hoy día, sé con seguridad, que sus palabras eran ciertas; había una orden en el ambiente de las drogas, donde nadie podía hacerle daño mientras yo estuviera con él. Llegué a ser tan frágil por el maltrato físico y emocional, que ni tan siquiera tenía una identidad propia. La gran tragedia era, que a pesar de todo, no me veía viviendo sin él. En mi mente frágil, entendía que sin él no iba a lograr nada. Estaba en un círculo de violencia doméstica y no sabía cómo salir de ahí.

Llegó el momento, donde tuve que tomar una decisión para salvar mi vida y la de mis hijos. Comencé a notar que mi primer hijo, que solo tenía entre los seis y siete meses de nacido, ya no quería que su padre lo cogiera y comenzaba a llorar cuando él se acercaba. Un día, en casa de mi madre, nos percatamos de unas marcas que tenía el nene en su piel. Eran unas marcas de quemaduras de cigarrillo en diferentes partes de su cuerpo. No lo podía creer, pero comencé a entender, por qué el niño no quería a su padre. Se lo reclamé y él lo negó. Ahora, con más razón, yo me negaba a que él tuviera al niño en sus brazos. Recuerdo en uno de sus últimos golpes, mi niño lloraba porque no quería irse con su papá. Comenzamos a discutir y él me golpeaba, porque yo no le quería dar al nene. Yo cubría al nene, mientras él me pegaba y en ese momento tuve que tomar una decisión. Mis hijos, el que estaba en mis brazos y el que estaba en mi vientre, eran la razón suficiente para yo tener que huir. Tomé la decisión en huir con mis hijos, porque no podía permitir que salieran lastimados nuevamente y nuestras vidas estaban en peligro. En diciembre del año 1994, embarazada y con mi niño de un año de edad, sin pensarlo, me fui a los Estados Unidos, buscando una mejor vida para mí y para mis hijos.

La proyección de una mujer que es escogida, llamada por Dios para realizar algo especial, según nuestro sentido humano, debe ser alguien dinámica, fortalecida, social, inteligente, popular, organizada, etcétera. Si continuamos presentando cualidades, de cómo debe ser esa mujer llamada por Dios, haríamos un listado de varias páginas, todas impresionantes y dignas a ese llamado de Dios. Como seres humanos, siempre hemos de tener unos criterios establecidos, para que una persona pueda ejercer algo en específico. En muchas ocasiones, podemos ser irreales o hasta tajantes, cuando escogemos a una persona para una tarea en especial. Lo hermoso de Dios es, que Él no utiliza nuestro listado para escoger a una mujer para un llamado, porque Él ve lo que nadie ve. Los que están cercanos a nosotras, probablemente, ven a alguien frágil y sin capacidad a lograr nada, pero Dios ve a una mujer ya transformada. El Word Reference define el termino frágil de la siguiente forma: *que se rompe o quiebra con facilidad; débil que tiene poca fuerza o resistencia; perecedero, que se estropea con facilidad.*

Si hemos de analizar una mujer con las características de esta definición, la hemos de descalificar para cualquier llamado, en especial, uno de parte de Dios. Yo, a los dieciocho años de edad, estaba quebrada en mil pedazos. Me sentía débil, porque él me había destruido emocionalmente y no tenía ningún tipo de fuerza o resistencia para sobrevivir en la vida. Simplemente, no creía que lo podía hacer. Aun así, Dios me había llamado y estaba esperando que yo regresara a Puerto Rico para mostrarme ese llamado. El 27 de enero del 1995, el padre de mis hijos desapareció, pero no es hasta el mes de febrero de ese año que me entero de su desaparición. Más tarde, escuché decir que lo habían asesinado, y al día de hoy, no han logrado encontrarlo. En ese mismo momento, cuando me entero de esta noticia, fue para mí un desastre, porque me acordé de sus amenazas cuando me decía, que si lo dejaba lo matarían y me dije: *"por mi culpa lo mataron. Lo dejé y el murió"*. Ahora, se añadía a mi dolor, un sentimiento de culpa que me ahogaba y me juzgaba con violencia. Con ocho meses de embarazo, tomé un avión y regresé a Puerto Rico. Lo menos que yo pensaba, era que Dios ya me estaba esperando, porque Él tenía un plan trazado para mi vida.

Aunque muchas de nosotras pensamos, que la fragilidad que tenemos emocionalmente por causa de los golpes de la vida es solo una excusa, hoy necesitas entender que no lo es. Puede ser que por causa de las experiencias de nuestra vida, llegó un momento donde estuvimos frágiles emocionalmente, pero no significa que de esa forma desea el Señor que permanezcamos. Dios mira más allá de lo que imaginamos, y las etapas más frágiles de nuestra vida, Dios la toma y las convierte en momentos históricos para que sean utilizadas por nosotras mismas, para beneficio personal y corporativo del Reino de Dios. Nuestra sanidad, se convierte en historias que marcarán de forma positiva a otras personas que lleguen a nuestro camino.

Así que, ya no te veas ni te llames más, frágil; eres empoderada por el glorioso poder de Dios para cosas mayores y mejores que nunca has imaginado ni has visto. No te límites ni te destruyas pensando que no sirves, ni que eres suficiente, para el llamado que Dios hoy, te revela. Mírate en los ojos del Maestro, del que te creó y construyó un propósito lleno de esperanza y de vida. Ninguna experiencia pasada, por más amarga y triste que haya sido, puede permanecer ante *Un Llamado Inevitable* que existe en tu destino de parte de Dios.

3

Dios nunca se olvida

a vida, es una escuela y la misma está llena de procesos difíciles, pero cada uno de ellos, tiene en sí mismo una enseñanza importante para nuestra vida. Acompáñame, en una aventura en las Escrituras que nos muestra, que siempre hay una respuesta para nuestras dudas y preguntas. En Génesis 21:9-21, nos presenta una enseñanza hermosa del favor de Dios. Agar, nuevamente, es la protagonista de esta historia. Con tan solo utilizar a la misma persona como ejemplo, la Biblia nos enseña que siempre estaremos en escenarios distintos en nuestra vida, pero lo más importante es, que Dios está al tanto de todos nuestros pasos y en todos nuestros procesos. Analicemos esta historia unos minutos: *Entonces Abraham se levantó muy de mañana, y tomó pan y un odre de agua, y lo dio a Agar, poniéndolo sobre su hombro, y le entregó el muchacho, y la despidió. Y ella salió y anduvo errante por el desierto de Beerseba* (v.14).

En este verso, existen unos puntos importantes, que Dios trajo a mi atención y deseo compartir contigo. El primer punto, es el proceso de abandono que Agar está experimentando por segunda ocasión y por la misma persona. Cuando escudriñaba este verso, Dios me dejaba entender cosas que no entendía, cuando estaba en mi proceso de dolor. El abandono es un proceso dificultoso, porque es difícil de aceptar y de asimilar. Te llena de sentimientos muy atropellantes y de una sensación de cero valía. Pero, existe algo que todas debemos siempre tener presente; nuestra confianza siempre debe estar puesta en Dios y no en el hombre. Cuando centramos nuestro amor y confianza en el hombre, perdemos de perspectiva de dónde proviene nuestra fortaleza. El mismo salmista en el salmo 46 dijo: *Dios es nuestro amparo y fortaleza, nuestro pronto auxilio en la tribulación.*

Existe una realidad y es que en la mayoría de las ocasiones, nuestra entrega y confianza está en un cien por ciento en el hombre o en ocasiones, hasta más que eso. Cuando, ponemos un cero por ciento de nuestra confianza en Dios y un cien por ciento de nuestra confianza en el hombre, el golpe que recibimos es mayor. Cuando se tiene esa confianza plena en el hombre, caminamos errantes en el proceso del desierto, porque el golpe del abandono nos toma de sorpresa. Estamos poniendo a un hombre imperfecto antes que a Dios, que es perfecto y que nunca cambia de opinión sobre nosotras. Nunca se espera que la persona a quien amas, te abandone. En el momento, que no tenemos nuestra mirada totalmente en el Señor, es crítico, porque en ese mismo momento del abandono, sentirás el vacío, la soledad y el dolor indescriptible, por la situación que estas experimentando. Dios, siempre está presto y disponible para ayudarnos y consolarnos, pero Él va a esperar que nosotras le permitamos entrar en nuestra experiencia de dolor y nos sane.

La historia dice, que Agar y su hijo estaban andando errantes por el desierto de Beer-seba, y este es el segundo punto que deseo compartir contigo. Según la definición del término errante, significa: *que anda de una parte a otra sin tener domicilio ni asiento fijo.* En otras palabras, Agar e Ismael, estaban deambulando por el desierto, sin ningún tipo de rumbo.

Es muy probable, que a Agar se le haya olvidado, que ya Dios le había declarado una promesa cuando salió la primera vez corriendo, huyendo de su sierva Sara. Dios le había prometido que: *Le dijo también el ángel de Jehová: Multiplicaré tanto tu descendencia, que no podrá ser contada a causa de la multitud* (Génesis 16:10). En muchas ocasiones, nos sucede al igual que Agar, que en los momentos del desierto, se nos olvidan las promesas que el Señor ya ha declarado que tiene para nuestra vida. Cuando buscamos la definición de Beer-seba, la misma significa: *pozo del juramento.* Sobre la vida de Agar, había una promesa, y en el momento que andaba en el desierto de Beer-seba, esa promesa seguía vigente. Dios nunca se había olvidado de Agar, así como Dios nunca se ha olvidado de nosotras. Abro un paréntesis, porque hablando de este tema, llega a mi mente el escenario de mi vida, dónde Dios llegó para hacer su entrada triunfal. Acompáñame, al baúl de mis memorias.

El baúl de mis memorias: Estoy a la puerta y llamo

Dios, nunca se olvidó del plan que Él tenía trazado para mí, ni se olvidó de aquel momento a mis catorce años, donde me hizo Su primer llamado y el cual yo había ignorado. Yo, ya me encontraba de vuelta en Puerto Rico y sabía los comentarios, sobre la muerte del papá de mis hijos. Una noche, estaba yo durmiendo con mi primogénito, cuando de momento, el niño comenzó a gritar de miedo. Yo, no entendía que estaba sucediendo, pues no había nada en el cuarto que podía causarle miedo. En ese momento, yo no entendía que todo lo que estaba ocurriendo en mi vida, tenía un efecto espiritual sobre mí y mis hijos. Familiares me decían, que era el espíritu de su padre, que lo estaba rondando. Me recomendaron poner una funda de almohada roja, con un crucifijo en la puerta de mi cuarto, lo cual hice. Eso no fue la solución, el problema continuaba y cada día, me desesperaba más, al ver a mi hijo en esa condición de terror.

Un día, llegó a mi puerta un grupo de personas, ofreciendo darme clases de la Biblia en mi hogar. Les permití entrar a mi casa y les presenté la situación de mi hijo y la razón que me habían dado de su sufrimiento. Fueron las primeras personas, que me enseñaron el estatus de los muertos y abriendo su Biblia, buscaron versos que demostraban, que la persona cuando muere su espíritu no ronda por ningún lado. Su respuesta, en ese momento, me dio un poco de tranquilidad. Comencé a aceptarlos en mi casa, una vez a la semana, para escuchar sus estudios bíblicos. Pero un día, emocionada porque ellos me habían regalado una Biblia; se la enseño a mi madre. Las palabras de mi madre fueron: "eso no es la verdadera Biblia". Mi alegría se fue al instante, porque venía de una persona que nunca le había servido al Señor y tampoco visitaba una iglesia. Ella, nuevamente me repitió esas palabras. Esa misma noche, le hice mi segunda oración sincera al Señor. Estaba acostada en mi cama y le dije: "Señor si estoy en tu camino déjame aquí, pero si no estoy en tu camino, llévame a tu camino". En ese mismo momento, cerré mi oración y me quedé dormida.

No sabía, que esas fueron las palabras que Dios estaba esperando de mí, para Él entrar en mi vida. El escenario que Dios esperaba llegó, mi apertura a Él; y Dios como nunca se olvidó de mí, entró en acción. Hasta este momento, a través de las Sagradas Escrituras y navegando en el baúl de mis memorias testifico, que Dios nunca se olvida de ninguna de nosotras, aunque el escenario que estamos viviendo, aparenta todo lo contrario. Al próximo día, de mi segunda oración sincera a Dios en mi vida, alguien estaba tocando a la puerta de mi casa. Era Dios, que estaba respondiendo a mi oración. Era una hermana de la fe, que vivía en el primer piso de nuestro condominio y subió para orientarme e invitarme a un lugar de sana doctrina. Con esto, cierro el paréntesis; a pesar de Dios haber escuchado mi oración, todavía yo no había entregado mi vida a Él. Pero ya, Él estaba preparando el camino para mí.

Quiero continuar con la historia de Agar, porque la misma, nos demuestra la fidelidad de Dios en nuestra vida. Como mencioné anteriormente, aunque nuestro escenario aparenta que Dios no está presente, te tengo buenas noticias: Él sí lo está. El verso 15 del capítulo 21 de Génesis, dice: *Y le faltó el agua del odre, y echó al muchacho debajo de un arbusto, y se fue y se sentó enfrente, a distancia de un tiro de arco; porque decía: No veré cuando el muchacho muera. Y cuando ella se sentó enfrente, el muchacho alzó su voz y lloró.* Me imagino a Agar, en este desierto preguntándose, ¿dónde está Aquel, que se le había aparecido en su último desierto para socorrerla? Ella estaba en sus últimos momentos y estaba segura, que tanto ella como su hijo, iban a morir en el desierto. Pero, nuevamente les recuerdo, que había una promesa de Dios vigente y que Beer-seba significa, *pozo del juramento.* Dios, no se había olvidado de Su promesa con Agar. Por eso, cuando ella con sus fuerzas humanas ya no pudo más, Dios entra en escena: *Y oyó Dios la voz del muchacho; y el ángel de Dios llamó a Agar desde el cielo, y le dijo: ¿Qué tienes, Agar? No temas; porque Dios ha oído la voz del muchacho en donde está* (v.17).

Dios, llega para hacer lo imposible en nuestra vida, cuando los recursos y herramientas que están en nuestras manos ya no son suficientes o no existen. Lo interesante de la historia, es lo siguiente: el muchacho es quien llora. Su llanto, es el que se eleva al cielo, hasta llegar al Trono de Dios, sin embargo, la pregunta del ángel fue dirigida a Agar, a quien fue dada la promesa. Verdaderamente, me deleito en escudriñar la Palabra de Dios, porque la misma tiene misterios, que están disponibles para nosotras buscar, como descubrirlas y usarlas en nuestro caminar diario.

Hay dos enseñanzas en la historia de Agar que debemos atesorar. Primero, el llanto del muchacho representa a todas esas personas que están alrededor de nosotras, marcadas por malas experiencias y por situaciones difíciles y que necesitan, que nosotras le testifiquemos de lo que Dios ha hecho en medio de nuestras propias crisis. Necesitan, que le ofrezcamos el agua que corre en nuestro interior y que nos sanó a nosotras cuando estábamos en una situación difícil. Segundo, la pregunta va dirigida a Agar, porque fue a ella, que Dios le declaró Su promesa durante su último proceso y en esta promesa que Dios le había dado, estaban incluidos sus hijos.

Cuando Dios, ya estableció una promesa sobre nuestra vida, tenemos que confiar, que Él la va a cumplir. Dios nunca se olvida de nosotras, así como tampoco se olvidó de Agar. La pregunta que Dios le hace, es para que ella reaccione de su estado de desesperanza, porque Agar, se sentó al extremo de donde estaba su hijo, llorando, mientras que en sus manos ya estaba la herramienta para socorrerlo. No hay mejor herramienta, que la oración para obtener el socorro de nuestro Señor, en medio de la crisis.

El profeta Jeremías 33:3, dice: *Clama a mí, y yo te responderé, y te enseñaré cosas grandes y ocultas que tú no conoces.* Agar, solo tenía que clamarle a Jehová, el mismo, que la sacó del desierto en el camino Shur, el mismo, que la libertó de todas sus angustias en aquel entonces. Nosotras tenemos que tener presente, que no hay tiempo para sentarnos y dejar que nuestro ministerio muera, o que los talentos que Dios nos ha regalado, sean enterrados, porque esas son las herramientas para dar de comer al hambriento, dar de beber al sediento y sanar al herido.

Para culminar con Agar, en los versos 18, 19 y 21 dice de la siguiente forma: *Levántate, alza al muchacho, y sostenlo con tu mano, porque yo haré de él una gran nación. Entonces Dios le abrió los ojos, y vio una fuente de agua; y fue y llenó el odre de agua, y dio de beber al muchacho. Y habitó en el desierto de Paran.* Estos versos, son poderosos y me marcaron, porque me dejaron ver, que éste, es el momento de accionar. Hay tres órdenes de parte de Dios, tanto para Agar como para nosotras. La primera orden es **levántate**, la segunda orden es ***alza al muchacho*** y por último, ***sostenlo con tu mano***. Las tres órdenes, obligan a Agar, a tomar acción. Cuando se le ordena a alguien a levantarse, es porque están postrados, sentados, inertes. Dios le estaba diciendo a Agar, que era tiempo de levantarse y no el tiempo de echarse a morir en el desierto. De igual manera, tú, estás en este lugar desértico, para preparación y no para morir. En el momento que decido sentarme y dejarme vencer por el proceso, todo lo que Dios me ha dado, también se detiene. Tenemos que accionarnos, levantar nuestro ministerio y nuestros talentos, porque es, lo que ha de utilizar Dios, para hacer el segundo paso.

La segunda orden es, "levanta al muchacho". Dios manda a la iglesia, a levantar a aquel que esta caído y que ya no tiene esperanza de vida. Pero, si yo también estoy caída y detenida, no puedo levantar al que está caído alrededor de mí. Nuestra historia, es lo que Dios utilizará, para levantar aquel que esta caído. Por tal razón, las memorias de las malas experiencias no se borrarán, sino, que Dios nos sana y restaura, para que ya no ejerzan dolor en nosotras. Cuando ya estamos sanas, esas historias son el testimonio para aquella mujer, que está en los zapatos donde un día estuvimos nosotras.

La orden número tres, habla de sostenerlo. Esta orden, me llama la atención porque, ¿no crees que Agar estaba sin fuerzas?

Me imagino, que como madre, le había dado toda el agua y el pan a su hijo para que no muriera. Agar, se quedó con sed y hambre para poder darlo a su hijo. Muchas veces sucede, que en medio de nuestro proceso, estamos cansadas y entendemos que no tenemos nada que dar a esa persona que está en necesidad y que está llorando, porque está a punto de morir. La realidad es, que sí tenemos para dar, a cada una de esas personas. Tenemos las experiencias de sanidad, liberación, crecimiento por medio del Señor Jesucristo y cada una de estas personas, están esperando que gritemos a los cuatro vientos, las grandezas del Señor para nuestra vida.

En el libro del profeta Isaías, capítulo 40:29-31 dice: *Él da esfuerzo al cansado, y multiplica las fuerzas al que no tiene ningunas. Los muchachos se fatigan y se cansan, los jóvenes flaquean y caen; pero los que esperan a Jehová tendrán nuevas fuerzas; levantarán alas como las águilas; correrán, y no se cansarán; caminarán, y no se fatigarán.* Dios, provee todo donde no hay nada. Hoy, Dios desea que accionemos. Hay que levantar ese ministerio y desenterrar los talentos, para poder levantar a aquel que está alrededor nuestro y sostenerlo en el Nombre de Jesús. Mientras te accionas y te levantas hacia otros, Dios se encargará de sostenerte y no te dejará caer. Ésta es Su promesa: *Cuando el hombre cayere, no quedará postrado, porque Jehová sostiene su mano"* (Salmos 37:24).

En el momento, que Agar decide accionar al escuchar la Palabra, en el verso 19 dice que, Dios abrió sus ojos y ella vió una fuente de agua. Al instante, fue y llenó el odre para darle de beber al muchacho. Solo hay que accionarse delante de Su Presencia, levantar lo que Dios ha puesto en nuestras manos y Él hará todo lo demás. Dios, te dará lo necesario, para que puedas dar a aquellos que lloran y están a punto de morir en sus procesos, que a causa de su dolor, no les permite ver más allá de sus circunstancias, ni ven lo que Dios puede hacer en sus vidas. Pero, para esto estamos nosotras llamadas y destinadas, para ser de testimonio con nuestra vida, diciendo y demostrando, que todavía hay esperanza. Agar, tuvo que tomar la iniciativa, para poder llenar el odre de agua. De igual forma, nosotras tenemos que dar el primer paso, para que nuestros ojos espirituales puedan ser abiertos y ver esa fuente de agua de vida, quien es Cristo Jesús, quien nunca nos abandona. Hay que moverse para poder llenar nuestro odre, nuestro interior de esa agua espiritual que trae y da vida. Al comienzo del verso 21 dice, que habitaron en el desierto de Paran. Paran significa, *belleza y gloria.* Cuando nos accionamos en Dios, entonces pasaremos a una nueva etapa en nuestra vida. Entraremos y habitaremos al desierto de Paran; entraremos y habitaremos en Su Presencia de belleza y gloria.

No quiero culminar este capítulo, sin terminar de testificarles, cómo es que entrego mi vida al Señor Jesús. Luego de Dios contestar mi segunda oración, me mudo para otro sector del pueblo de Loíza, Puerto Rico, donde estaba viviendo para aquel entonces. Recuerdo que había una iglesia, justamente al cruzar la calle de donde estaba viviendo. Escuchaba las alabanzas y los coros cantados y escuchaba cuando predicaban. Ese anhelo que había sentido cuando tenía catorce años, nació de nuevo en mi corazón y en esta ocasión era mucho más fuerte. Lo que escuchaba, me seducía a anhelar conocer más y más de Dios. Mi alma estaba a gritos, anhelando la Presencia de Dios.

Un domingo en la mañana, despierto temprano y mis dos niños estaban aún durmiendo. Me siento en el balcón para escuchar las alabanzas y mi corazón quería salir de mi pecho, porque quería ir corriendo a la iglesia. Llegó el momento de tomar la decisión en hacerlo. Lo recuerdo como si fuera hoy, me puse un traje de tabletas rosa, negro y blanco. Terminé de prepararme, le dejé los niños a mi madre y me fui para la iglesia.

Al entrar al Templo, inmediatamente, me encuentro con el Pastor, que se encontraba sentado en su escritorio a mi mano izquierda. Él me mira y se sonríe porque nos conocíamos. Continúo hacia adentro del Templo y me siento en una de las bancas. Estaba muy nerviosa, pero dije: "al fin llegué". El Pastor, comenzó a agradecer a cada hermano por el culto y las felicitaciones recibidas por su cumpleaños. Antes de culminar con el servicio por ese día, el Pastor, menciona mi nombre desde al frente y me pregunta: "¿Deseas a Cristo hoy?" Sin pensarlo, me levanté de la banca y pasé al frente.

Un 15 de octubre de 1995 a las 11:00 de la mañana, finalmente, estaba aceptando a Jesús en mi corazón. No hubo cánticos, ni predicación; no hubo nada, solo una cita divina, que Dios había hecho desde la eternidad, para encontrarme con Él. Porque Dios nunca se olvidó de mí.

4

Existe un Pacto de Restitución

Existen en la Biblia relatos de diferentes escenarios del diario vivir, donde al final, se ve a Dios en acción, convirtiendo una amargura en bendición. De igual forma, hay acontecimientos en nuestra vida, que en ocasiones, identificamos como, "son cosas que pasan". Son situaciones, que no tenemos control de ellas, tampoco las esperamos, pero llegan.

Quiero presentar a un niño, que le llegó la crisis cuando menos lo esperaba. El niño, era el nieto de quien, en aquel entonces, era el rey de Israel, el rey Saúl, e hijo de Jonatán, heredero al trono. En 1ra de Crónicas capítulo 10, presenta el altercado de los filisteos en contra del pueblo de Israel, (v. 1). Pero el panorama no se veía muy bien para el pueblo israelí; a tal punto, que el verso hace referencia de Israel, como *caídos y heridos*. La guerra estaba por culminar, los israelitas habían sido derrotados y habían huido, pero sólo faltaban las personas claves; el rey y sus hijos. El verso 2, confirma la muerte de los hijos del rey Saúl, Jonatán, Abinadab y Malquisúa. En medio de la guerra, logran los flecheros de los filisteos herir al rey. En el verso 4, Saúl le pide a su escudero, que lo mate con la espada, pero por miedo, el escudero no accede a la orden que le da el rey. Saúl tomó la espada, se echó sobre ella y murió. Mientras tanto, en el palacio se encontraba, el niño de cinco años de edad, ajeno a lo que estaba sucediendo en el campo de batalla.

Aunque la Biblia no da muchos detalles sobre el niño, ni de lo que estaba haciendo en el momento de este relato en específico, a mí me gusta usar mi imaginación cuando leo la Biblia. Probablemente, estaba jugando en la terraza y entreteniéndose con cualquier cosa que tenía de frente. Tenía una niñera que su única tarea era, vigilar que el niño estuviera a salvo en todo lo que él hacía. Era su total responsabilidad, el mantener seguro al nieto del rey. De momento, se escuchan gritos y mucha consternación en el palacio. La noticia de la muerte de su abuelo, el rey Saúl y su padre Jonatán, corría por todos los pasillos del palacio. Un golpe de estado estaba por acontecer. El enemigo entraría y mataría a todos los que pertenecían a la familia real. De seguro, todos en el palacio real, estaban corriendo despavoridos, asegurando su vida, porque en cualquier momento llegaba el próximo sucesor y serian todos asesinados.

En Samuel 4:4, dice: *Y Jonatán hijo de Saúl tenía un hijo lisiado de los pies. Tenía cinco años de edad cuando llegó de Jezreel la noticia de la muerte de Saúl y de Jonatán, y su nodriza le tomó y huyó; y mientras iba huyendo apresuradamente, se le cayó el niño y quedó cojo. Su nombre era Mefi-boset.* Este verso presenta varios sucesos consecutivamente, que quedarían impregnados en la vida de este niño para siempre. Primero, se queda huérfano, porque su padre muere. Segundo, su abuelo, el Rey de Israel, también muere. Probablemente, este niño era su consentido; ahora aquel hombre que representaba la seguridad de la familia real, ya no estaba para protegerlos sino que había muerto. Como si fuera poco todas estas pérdidas, su niñera en la confusión e histeria de cómo salvar la vida de él, lo deja caer, tronchando su desarrollo fisiológico, como cualquier otro niño, al quedar lisiado de ambos pies. Por último, Mefi-boset, es violentamente sacado de su entorno. Sus primeros cinco años de vida, fue formado en el molde de la realeza, con unas expectativas de reino y de gobierno, pero de inmediato, es arrebatado de ahí, a un lugar totalmente desconocido para él, perdiendo no solo su capacidad para caminar sino también, su identidad real.

También en nuestras vidas, suceden cosas que para nosotras, pasan porque son parte de la vida y no hubo manera de detener que sucediera, que están totalmente fuera de nuestro control y poder decisional. Estos tipos de acontecimientos en nuestra vida, que llegan y destruyen lo que conocemos y nos sentimos seguras en ello, son difíciles en aceptar e inmediatamente, comenzamos a buscar culpables. Pero, aunque busquemos y cuestionemos las razones, nunca entendemos el porqué del suceso. ¿Acaso, todavía estas patinando en el mismo evento negativo de tu pasado? ¿Estás todos los días, reconstruyendo la escena para intentar, aunque sea en tus recuerdos, solucionar algo para evitar que ocurriera? La condición física de Mefi-boset, según los cuadros clínicos, es permanente, porque estaba lisiado de ambos pies; pero las marcas emocionales, que nosotras pensamos que son permanentes, ¡no tienen que serlo! Hoy, quiero decirte, que no sigas reconstruyendo el escenario, porque el mismo, ya pasó. Hay que aceptar lo sucedido, aprender de ello, sanar y seguir con nuestra mirada puesta en el Señor. Si piensas que estas heridas emocionales, te descartan del plan de Dios en tu vida, estás pensando equivocadamente. Tu *llamado* es *inevitable* y eterno y Dios en su infinita gracia, hará lo necesario para que se cumpla en tu vida.

Habían pasado ya muchos años, el niño había crecido y probablemente, hasta casado estaba ya. El Rey David que era el Rey de Judá, había llegado a Jerusalén ungido como el Rey de todo Israel. En el capítulo 9:3-4, dice de la siguiente manera: *El rey le dijo: ¿No ha quedado nadie de la casa de Saúl, a quien haga yo misericordia de Dios? Y Siba respondió al rey: Aún ha quedado un hijo de Jonatán lisiado de los pies. Entonces el rey le preguntó: ¿Dónde está?* Mientras el Rey David, gobernaba en Jerusalén como rey de todo Israel y de Judá, preguntó por la descendía de Jonatán, su mejor amigo y aliado, porque existía entre ambos un pacto de protección y seguridad y era importante para el rey cumplir con el mismo.

Después de la gran victoria, que le había dado el Señor a David contra Goliat, comienza un enlace muy fuerte con el hijo del Rey Saúl, Jonatán. En 1 Samuel 18, la Biblia nos relata, que el alma de Jonatán quedó ligada con el de David y lo amaba como así mismo. Se entiende, que la amistad creció cada día más, por el tiempo que estaban juntos en el palacio, mientras David se entrenaba como soldado. El rey Saúl, había dado orden que David fuera jefe de mil soldados y lo envió al ejército (v.13). El verso cuatro, explica como Jonatán, se quitó su manto real que llevaba y se lo dio a David. También, le regaló otras ropas que le pertenecían, su espada, arco y talabarte. Dios es tan maravilloso, que sin ellos darse cuenta, ya Dios estaba equipando a David, para la posición por el cual él fue ungido en su casa por el profeta Samuel (1 Samuel 16), como rey sucesor del pueblo de Israel.

Existen momentos en nuestra vida, donde no entendemos la razón de nuestra estadía en algún proceso, pero la realidad es, que Dios aprovecha esos momentos, para vestirnos de unas vestiduras reales; posicionándonos en el lugar que Él ya ha establecido para nosotras. Existen unas realidades y es que cuando se tiene *Un Llamado Inevitable*, el enemigo buscará de alguna forma, impedir que se ejerza ese llamado. David ya en el palacio, comenzó a tener problemas con el Rey Saúl. La Biblia dice, en el capítulo 18 en adelante, que Saúl intenta matar a David por el temor que le tenía (v.12). El amor de amistad de Jonatán hacia David era tan sincero y puro, que él lo protegió de su padre hasta el final. En el capítulo 20 de 1 Samuel, verso 13-17, Jonatán y David hacen un pacto. *Pero si mi padre intentare hacerte mal, Jehová haga así a Jonatán, y aun le añada, si no te lo hiciere saber y te enviaré para que te vayas en paz. Y esté Jehová contigo, como estuvo con mi padre. Y si yo viviere, harás conmigo misericordia de Jehová, para que no muera, y no apartarás tu misericordia de mi casa para siempre. Cuando Jehová haya cortado uno por uno los enemigos de David de la tierra, no dejes que el nombre de Jonatán sea quitado de la casa de David. Así hizo Jonatán pacto con la casa de David, diciendo: Requiéralo Jehová de la mano de los enemigos de David. Y Jonatán hizo jurar a David otra vez, porque le amaba, pues le amaba como a sí mismo.*

Cuando llegó el momento de cumplir con ese pacto; el rey David envía a buscar a Mefi-boset. ¿Crees, que Dios se ha olvidado de la promesa que tiene para tu vida, porque estas emocionalmente lisiada? De ninguna manera. Recuerda que el ángel le preguntó a Agar, "¿de dónde vienes?" Dios sabía de dónde ella venía y en este caso, es igual. Dios sabía dónde se encontraba el hijo de Jonatán. ¿Crees que Dios no sabe que existes? Claro que sí, porque Dios nunca se olvida de nosotras.

Hoy, Dios te está preguntando, *"¿dónde estás?"*. La historia relata, que Mefi-boset estaba viviendo en Lodebar que significa, *tierra árida, hostil y seca. Donde no crece el pasto, ni produce fruto de la tierra.* Cuando leí este significado, recordé en el estado en que me he encontrado, durante algunas de mis crisis. Momentos, donde no quise soltar toda esa amargura y dolor por acontecimientos que han pasado en mi vida y no he tenido ningún tipo de control sobre ellas. Donde reviví el escenario día tras día, hora tras hora, minuto tras minuto, buscando cómo consolar mi dolor. Lo que estaba creando en mí, sin darme cuenta, era un corazón árido, hostil y seco; donde ningún sentimiento bueno podía salir, sino la amargura y el resentimiento. Estaba viviendo en un Lodebar espiritual, porque no podía dar fruto. El pasto, que representa la palabra de Dios, no crecía en mí, porque decidí aferrarme al dolor. Cuando estamos todavía agarradas a esa experiencia o experiencias negativas que marcan nuestra vida; puedes llegar a una conformidad y se piensa que esto es lo que nos toca vivir. ¡Nuevamente te digo, NO!

Mefi-boset, creció con unas marcas de pérdidas contundentes en su vida, tanto emocionales como físicas, que también marcan en el área emocional. Estas marcas, habían creado en Mefi-boset un estado de ineficiencia e incapacidad para ser, quien desde su nacimiento, había sido formado. El poseía un legado real y un lugar en el palacio, pero sus marcas de dolor no le permitían ver las posibilidades de su futuro. En 2 Samuel 9:8, Mefi-boset le responde al Rey David, de la siguiente forma: *Y el inclinándose, dijo: ¿Quién es tu siervo, para que mires a un perro muerto como yo?* A pesar de Mefi-boset tener esa mentalidad de no valía, el Rey estaba decidido a cumplir su pacto con Jonatán y darle protección y lugar en su mesa real a su hijo, Mefi-boset. El versículo 7 dice: *Y le dijo David: No tengas temor, porque yo a la verdad haré contigo misericordia por amor de Jonatán tu padre, y te devolveré todas las tierras de Saúl tu padre; y tú comerás siempre a mi mesa.* No importa cuál sea nuestra condición espiritual, existe un pacto de parte de Dios, que va más allá de lo que pueda ver el hombre. Un pacto, que es inquebrantable cuando existe *Un Llamado Inevitable*. David, estaba actuando por amor al padre de Mefi-boset; por aquel pacto que habían hecho. Jesús nos dice, que por amor (Juan 3:16) a nosotros, es que Él tiene misericordia y por este pacto de amor, siempre estaremos sentadas en Su mesa.

Princesa del Señor, no importa cuál fue el acontecimiento, que en algún momento te dejó lisiada emocionalmente, esto no es permanente, porque el Rey te manda a llamar para sanarte y restituir lo que un día perdiste. Su plan, sigue vigente en tu vida. La historia de Mefi-boset, me hace recordar quién yo era, en el momento que acepté al Señor Jesús en aquel instante. Ven, acompáñame nuevamente, al baúl de mis memorias.

El baúl de mis memorias: Conociendo lo desconocido

Yo, tenía la misma mentalidad pobre y desvalía, que tenía Mefi-boset (2 Samuel 9:8). Mi mentalidad era, una de menosprecio hacia mí misma y mi autoestima estaba por el piso. No importaba como Dios me hablaba, jamás podía aceptar que Él tenía algo hermoso para mí. Cada marca, golpe y trauma de mi pasado, me llevó a pensar que esa era la vida que me tocaba vivir y que no tenía más opciones. Me victimizaba de no tener ningún tipo de logro. Era madre soltera con dos hijos, sin estudios ni trabajo seguro, sin metas y sin ningún tipo de logro personal. Puedo asegurarte que mi caso, como las de muchas otras, es la que Dios escoge para glorificarse. Está de cada una de nosotras, permitir que Él nos ayude a hacer cambios concretos a nuestro de vida, de tomar mejores decisiones y de sanar nuestra alma maltratada y quebrantada. Así que, comencé a refugiarme en el Señor, porque hasta ese momento, yo intenté refugiarme en otras personas y ninguna funcionó, porque estaba depositando mi confianza en el menos indicado.

Luego de cuatro años de preparación espiritual y teológica en la iglesia donde me convertí, Dios me demostró que todo lo que anhelaba, mis deseos, aquello que ardía en mi corazón, Él, estaba en toda la disposición de cumplirlos. A mi parecer, Dios comenzó a trabajar conmigo muy de prisa. Por la misericordia del Señor, en menos de un año, estaba estudiando en un Instituto Bíblico, experimentando el amor y el toque del Señor en mi vida. Dios, comenzó a enamorarme con Su Presencia y logró seducirme. A raíz de su seducción divina, cada día anhelaba más de Él, de Su Presencia, de conocer más. Tenía una petición que ardía en mí y la misma era: "yo quiero ser como Moisés". Anhelaba una relación tan cercana con Dios, y quería palpar Su Presencia de tal forma, que también pudiera, al igual que Moisés, ver Sus espaldas.

Pero, a pesar de estar sentada en la mesa del Rey, hubo momentos de mi caminar, que no podía creer el toque de la Presencia de Dios en mi vida. Peleaba con la inseguridad que inundaba mi interior como persona y la misma se transmitía en mi vida espiritual con un sentimiento de desvalía y no merecedora de lo que Dios me estaba permitiendo experimentar en Él. Recuerdo, que no anhelaba experiencias espirituales en público. Sólo anhelaba, que el toque de su Espíritu Santo me acompañara en lo secreto y Dios en Su Amor y gran misericordia me lo concedía. Sin embargo, mientras el Espíritu Santo se revelaba en lo secreto conmigo; yo seguía abrazada a la soledad y al sufrimiento que me causaba esa soledad.

Comía de Su Palabra todos los días, no importaba donde me encontraba, mi deseo era nutrirme espiritualmente. La oración y el ayuno, eran primordial en mi vida y comencé a pedirle a Dios poder ver Sus espaldas como le permitió a Moisés. Insistía en querer verlo de cerca, porque si Moisés logró tener esa experiencia, entendía que igual yo podía tenerla. Recuerdo que despertaba de madrugada buscando Su rostro. Los resultados al principio eran, dolores de cuello y espalda, porque me quedaba dormida orando de rodillas. Pero, aun así, no me daba por vencida. En medio de mi búsqueda, logré experimentar cosas hermosas con el Amado. Dios, nos invita a conocer lo secreto, cosas que nunca hemos visto y tampoco hemos experimentado. En el libro del profeta Jeremías 33:3, dice: *Clama a mí, y yo te responderé y te enseñaré cosas grandes y ocultas que tú no conoces.* Hay una invitación extendida a cada una de nosotras, para intimar con Aquel que te diseñó.

Algo muy poderoso que aprendí, en esos momentos de búsqueda del Señor fue, la importancia de permitir que Dios transforme nuestra vida por completo. Nos encanta palpar lo sobrenatural de Dios en medio de cultos, congresos y otros eventos eclesiásticos. Muchas veces, nos enfocamos en la manifestación en público del Espíritu Santo, pero al final de todo, seguimos igual de vacías porque no hay una transformación personal concreta. Por eso es importante, que te asegures que acompañada a esa presencia sobrenatural de Dios, esté la transformación de tu vida y de tu corazón. Recuerdo una noche, acostada en mi cama, comencé a llorar porque le pedía al Espíritu Santo que me abrazara. Necesitaba literalmente sentir su abrazo, porque a pesar de vivir en una casa llena de personas, me sentía como si no existiera nadie. De inmediato, el Espíritu Santo me abrazaba y de una vez me quedaba dormida.

Aunque, ya habían pasado cuatro años experimentando la manifestación gloriosa del Señor en medio de los cultos, aún estaba cargando dolor, rencor y soledad. A pesar de estar así, toda dolida, el Espíritu Santo me visitaba para que cada día lo conociera más. Para mí, es importante recalcar, que podemos experimentar la Presencia de Dios en nuestra vida, pero yo decido si deseo ser transformada o si voy a continuar aferrada a mi dolor, mi pasado y mi vieja manera de vivir. En medio de mi búsqueda y experiencias divinas con Dios, todavía había muchas cosas, que el Arquitecto tenía que trabajar en mi corazón. Cosas, que en ocasiones pensamos, que no están en nosotras, pero Aquel que lo escudriña todo sabe que existen.

¿Sabes? Al igual que Mefi-boset, yo había perdido mi identidad y mi valía propia. Poseía una identidad tenebrosa, porque no podía ver nada de valioso en mí, aun cuando, hubo muchos elogios de parte de personas que estaban en mi entorno en aquel momento. Recibí palabras de amor de parte del Rey que me mandó a buscar; pero no lo podía ver ni aceptar. En este proceso, buscando lo desconocido, Dios me estaba llamando, para que me sentara en Su mesa, porque quería devolver mi identidad; pero mi falta de valía en ese momento, no me lo permitía. Por tal razón, me conformé en comer de las migajas que caían de la mesa del Rey, cuando Dios quería darme el banquete completo. Mi alma, estaba marcada por situaciones de la vida, que en ocasiones no tenía control de ellas y de otras más, que sí, tenía la opción de decidir pero, decidí mal; golpeando mi alma a tal nivel que, no podía ver quien yo era, realmente. En aquel momento, no logré aceptar la identidad verdadera que Dios me mostraba, pero Dios nunca se rindió conmigo y Su pacto de restauración seguía obrando en mi vida.

Los procesos, tienen una razón digna cuando acontecen en nuestra vida. Están diseñadas a formarnos en el carácter y la imagen de Jesús y a mostrarnos quienes verdaderamente somos para el Padre. El Salmo 139:16, dice: *...Y en tu libro estaban escritas todas aquellas cosas que fueron formadas, sin faltar una de ellas.* Tu historia, ha sido escrita desde la Eternidad, tú tienes un valor incalculable y cada una de tus experiencias, tiene la función de crecimiento y de elevación a algo mayor y grandioso. Dios restituye el pacto que ha hecho contigo y traerá a la luz tu propósito. Así que, levántate, ve tras ella, porque vidas serán transformadas a causa tuya.

5

Cada mañana, son nuevas Sus Misericordias

Mientras recordamos nuestras vivencias pasadas, tenemos que reconocer que no importa lo sucedido, hay un cuidado intencional de parte de nuestro Padre Celestial. La Biblia, nos presenta a hombres y a mujeres, que experimentaron este cuidado del Padre Celestial en medio de cada experiencia vivida. Así que, les presento a Sansón y a su madre, quienes en medio de sus experiencias personales e individuales, pudieron palpar el propósito de Dios en sus vidas, no importando cómo trascendió su historia.

Sansón, uno de los jueces del pueblo israelita, es señalado y marcado con propósito, desde antes que estuviera en el vientre de su madre. En Jueces 13:3-5, nos presenta, cómo este llamado se lleva a cabo, a través de su madre, quien era estéril. Cumpliéndose la promesa que Dios le había prometido a ella, con la visita de aquel ángel, concibió y dio a luz a quien iba ser el libertador del pueblo de Israel de manos de los filisteos (v.24). En el versículo 25, de ese mismo capítulo, nos muestra a Dios sellando a Sansón para el cumplimiento de Su propósito en él: *Y el Espíritu de Jehová comenzó a manifestarse en él, en los campamentos de Dan, entre Zora y Estaol.*

Cada paso dado en nuestro caminar, va a tener un efecto marcado en nuestra vida, porque la misma nos ayuda a alistarnos a lo que Dios tiene para nosotras. En ocasiones, las experiencias son positivas y fructíferas, pero en otras ocasiones, parecen ante nuestros ojos, que son negativas y hasta desfavorables, y más cuando son acompañadas de las críticas y opiniones ajenas. Pero existen ocasiones, que aunque para otros no tiene sentido, lo que está ocurriendo en nuestra vida, para Dios es la estrategia perfecta para llevar acabo Su cumplimiento. En Jueces 14:1-4, nos presenta lo siguiente: *Descendió Sansón a Timnat, y vió en Timnat a una mujer de las hijas de los filisteos. Y subió, y lo declaró a su padre y a su madre, diciendo: Yo he visto en Timnat una mujer de las hijas de los filisteos; os ruego que me la toméis por mujer. Y su padre y su madre le dijeron: ¿No hay mujer entre las hijas de tus hermanos, no en todo nuestro pueblo, para que vayas tú a tomar mujer de los filisteos incircuncisos? Y Sansón respondió a su padre: Tómame esta por mujer, porque ella me agrada. Más su padre y su madre no sabían que esto venía de Jehová, porque él buscaba ocasión contra los filisteos; pues en aquel tiempo los filisteos dominaban sobre Israel.*

A pesar, de que los padres de Sansón, vieron su decisión en tomar aquella mujer filistea como esposa, algo no muy bueno, la misma, era parte de una estrategia de Dios. Esta estrategia divina seguía encaminando a Sansón hacia su llamado y propósito para la liberación de Israel.

Cuando Dios separa a los hombres para algo en específico, no significa que no han de experimentar diferentes escenarios en su vida que parecen hasta contradictorios entre sí. Al contrario, entrando en estos caminos diferentes; equivale a experiencias que nos lleva a madurar y a crecer en Él. No tan sólo se experimenta el crecimiento, sino que también, experimentamos la misericordia de nuestro Creador en nuestras vidas. Esta experiencia de misericordia, la tenemos disponible cada mañana al despertar. Sansón, tuvo experiencias que podemos identificar como positivas y las mismas lo llevó a madurar para los próximos pasos que debía tomar hacia el cumplimiento de ese propósito de Dios. También, experimentó cosas que para el ojo humano son negativas, pero en ocasiones esas experiencias son necesarias porque Dios también se glorifica a través de ellas. Esto, lo podemos ver, cuando Sansón fue engañado y traicionado por los filisteos (Jueces 14) y en su furia, Sansón destruye los campos filisteos creando en ellos, un sentimiento de venganza hacia Sansón. Luego de perder aquella mujer, quien era su esposa, al ser entregada a otro, Sansón se va de aquel lugar lleno de desprecio y odio hacia los filisteos.

Es entonces, cuando la Biblia nos presenta, la historia de otra mujer, que entra en escena a la vida de Sansón. En Jueces 16, Sansón se enamora de una mujer en el valle de Sorec, llamada Dalila. La Biblia no nos dice, si ella era filistea o israelita, pero si nos dice, que fue sucumbida por la avaricia y el desprecio hacia Sansón. La historia nos revela en el verso 5: *Y vinieron a ella los príncipes de los filisteos, y le dijeron: Engáñale e infórmate en qué consiste su gran fuerza, y cómo lo podríamos vencer, para que lo atemos y lo dominemos; y cada uno de nosotros te dará mil cien siclos de plata.*

Los enemigos de Sansón querían detenerlo, encarcelarlo y destruirlo; y estaban haciendo todo lo que estaba en sus manos para lograrlo. Igual que en la historia de Sansón, también tenemos un enemigo, que no desea que el propósito de Dios se cumpla en nuestra vida y prepara trampas para detenernos en el camino e impedir que Su propósito se perfeccione y manifieste con plenitud en nosotros. En el caso de Sansón, su enemigo utilizó a una mujer, para lograr acercarse a él y conocer cuál era el secreto de su fuerza para debilitarlo. También nuestro enemigo, quien es satanás, buscará la forma de detenernos en nuestro camino, tratará de conseguir y utilizar nuestras debilidades, nuestras áreas sin restaurar, miedos e inseguridades, nuestra falta de identidad en Dios y todo aquello que pueda serle útil, en su guerra contra el diseño de Dios en nuestra vida.

Existe la certeza, de que sea a través de personas o cosas, presentará oportunidades y con las mismas, intentará desviarnos del propósito de Dios. Este enemigo, desea buscar todas las opciones posibles para destruirte por completa. Presentará tentaciones que asemejan oportunidades, traerá personas a nuestra vida que serán de conflictos y persuasivas a lo que sabemos, es incorrecto. Nos dirá, que no somos capaces de cumplir nuestro llamado, que nuestro pasado es muy pesado y frena nuestro empeño en ser obedientes a Dios y mantenernos firmes en nuestro llamado. Si de algo estamos convencidos, es que es estratégico y utiliza la maquinación como arma de ataque contra nuestra alma. Pero, el Apóstol Pablo nos advierte y nos aconseja, a estar persuadidos y alertas y no permitir que tome ventaja sobre nosotros, porque no desconocemos sus estrategias de maldad (2 Corintios 2:11).

En Jueces 16:6-13, nos presenta a Dalila, intentando de todas formas conocer, cuál es el secreto de la fuerza sobrenatural de Sansón. Es bien interesante, las tres respuestas que Sansón le da a Dalila de cómo, supuestamente, él puede perder sus fuerzas. La primera respuesta que le da, fue en el verso 7: *Y le respondió Sansón: Si me ataren con siete mimbres verdes que aún no estén enjutos, entonces me debilitaré y seré como cualquiera de los hombres.* La segunda respuesta fue en el verso 11: *Y él le dijo: Si me ataren fuertemente con cuerdas nuevas que no se hayan usado, yo me debilitaré, y seré como cualquiera de los hombres.* En el verso 13, Sansón, le responde por tercera ocasión: *...Él entonces le dijo: Si tejieres siete guedejas de mi cabeza con la tela y las asegurares con la estaca.* Esto es un marco profético, que nos presenta, cómo satanás opera con la intención de destruir y desviar nuestro destino y propósito. Él intentará persuadirnos a confiar en sus mentiras, nos dará un sentimiento de seguridad falsa, dispondrá de sus artimañas para engañarnos y querer dañarnos, dentro del propósito de Reino y de gobierno que Dios ha puesto en nosotros desde la Eternidad. Sin embargo, como ya vimos, el Apóstol Pablo nos insta, a que no somos ignorantes de sus maquinaciones, que tenemos la capacidad de reconocerlas y de no caer en su estrategia de engaño.

Sansón, le presentó tres posibles escenarios, donde estaba seguro de poder escapar de manos de los filisteos y así mismo fue. Cuando estamos seguros en quien nos ha llamado y en quien confiamos, eso mismo se refleja en cada paso que damos en la vida. Nuestra confianza en el Señor y nuestra entrega a Él, nos permitirá experimentar cosas maravillosas. El error, por así decirlo, de Sansón, fue en confiar en que Dalila tenía las mejores intenciones y que verdaderamente, lo amaba. Le había entregado el lazo de su alma y se dejó engañar por ella, considerándola sincera con él. Su insistencia en conocer de dónde provenía tal fuerza fue de tal magnitud, que la Biblia nos relata, que el alma de Sansón desfalleció y decidió decirle la verdad, para que no lo atormentara más con sus cuestionamientos. No importa cuál sea las experiencias que vivamos, debemos recordar que cada mañana, son nuevas Sus misericordias y podemos disfrutar de ellas. Podemos hacerle frente a las maquinaciones de nuestro enemigo y de resistirle, confiando en que Dios nos dará la salida cuando se la pedimos. No tenemos que entregarle a satanás nuestros sueños, ni nuestro diseño. Voy a hacer un paréntesis aquí, porque quiero que me acompañes al baúl de mis memorias.

El baúl de mis memorias: Fortalecida a través de mis vivencias

Hay memorias en mi vida, que son gratificantes en recordarlas y pensar en ellas. Existen otras, que no son tan placenteras, pero de igual manera, cada una son escenarios necesarios para poder llegar hasta donde me encuentro hoy en día. En el momento que entregué mi vida al Señor Jesús, deseaba más y más de Su Presencia. No tenía mucho conocimiento bíblico, pero algo que sí sabía, era que en ese momento, estaba experimentando un amor que nunca había sentido en mi vida y eso me agradaba. Cuando logré conocer poco a poco de Su Palabra, había una promesa que en mi corazón ardía conocer y era el palpar Su Presencia desde cerca. Quería experimentar lo que dice Jesús: *Mas buscad primeramente el reino de Dios y su justicia, y todas estas cosas os serán añadidas* (Mateo 6:33).

Yo, era muy joven en el momento de comenzar a seguir a Jesús. Recuerdo, que al no tener quien cuidara mi bebé, no llegué a culminar mis estudios y terminé solamente el décimo grado de escuela. Hasta ese momento, tenía una muy poca valía de mí misma; no había terminado mis estudios de secundaria, no tenía trabajo, era una madre muy joven y soltera, que dependía totalmente de mi madre. Por mi mente, jamás llegó el que iba a tener un futuro de éxito, todo lo veía difícil y con dificultad. Nunca me imaginé, tener un futuro próspero y de bendición. La falta de auto valía, la inseguridad en mí misma y el prejuicio me arrastraban, aun sirviéndole al Señor. A pesar de las barreras que yo misma presentaba con mi forma de pensar, Dios en su infinita misericordia, continúo trabajando en mi vida y mostrándome Sus misericordias.

Comencé a trabajar en una compañía, sin tener experiencia laboral alguna. Dios es tan bueno, que me dieron el trabajo, sin tan siquiera haber terminado mi cuarto año escolar. El presidente de la compañía donde trabajaba, era mi tutor en mi hora de almuerzo, porque para él era importante que yo tomara los exámenes libres y lograra tener mi diploma de cuarto año. Pero, continuaba en medio de estas experiencias de crecimiento, siendo una joven emocionalmente muy frágil y con poca valía hacia mí misma. Muchas personas veían y creían en mis cualidades, que yo misma no veía, ni sabía que poseía. Cualidades, que el Señor había puesto en mí desde el principio, pero yo no las podía ver, a causa de tanta experiencia negativa y tanto dolor. Este estado de ignorancia de mi capacidad y la dependencia emocional total en otros, no me permitía ver todas las posibilidades que Dios tenía preparadas para mí.

Tenía peticiones que le presentaba al Señor y una de ellas era tener auto propio. No quería esperar que me buscaran para ir a la iglesia. No quería depender de nadie para hacer mis cosas, quería ser totalmente independiente. Pasaron tres años, y Dios me concedió un auto nuevo. Las experiencias que yo estaba viviendo hasta el momento, llenaban áreas que permanecían incompletas y vacías en mi vida. Me llenaba de alegría y de felicidad el saber, que Dios estaba contestando las peticiones que le presentaba en oración. Pero aun así, en medio de todo esto, tenía una necesidad en mi interior de aceptación y pertenencia que no le había entregado a Dios.

Con el nuevo ambiente laboral, comencé a sentir esa aceptación que tanto anhelaba y que no estaba sintiendo en otro lugar, ni aun en la iglesia. Ser parte de un núcleo de amistades, el ver cómo me llamaban y me buscaban, me llenaba de una manera increíble. Fue tanta la emoción de tener esta experiencia, que comencé a descuidar la oración y la lectura de la Palabra. Mientras menguaba en estas áreas esenciales de mi vida espiritual, crecía en el área profesional y en mis relaciones interpersonales con mis compañeros de trabajo. Sin embargo, y cuando menos me lo imaginaba, mis experiencias espirituales quedaron detenidas, porque decidí experimentar otras cosas. No estoy insinuando que el ámbito laboral ni las relaciones interpersonales de trabajo, son perjudiciales o tóxicas para nuestro crecimiento espiritual, sino que mis carencias no me permitieron discernir ni tomar las mejores decisiones para mí en aquel momento. El enemigo conocía de las áreas que yo carecía, sabía cómo lograr que yo detuviera los pasos que estaba dando hacia la Presencia de Dios y tomó ventaja.

Hasta ese momento, mis experiencias eran de importancia para mí, porque estaba llenando un vacío que tenía. Entendía, que la atención que estaba recibiendo en ese momento era la valía que necesitaba para sentirme bien, pero estaba muy equivocada. Estaba convencida, que todas estas personas que estaban a mí alrededor, me estaban valorando como siempre quise, pero lo que no me había percatado era, que esa valía tenía que comenzar por mí y de nadie más. Tenía que comenzar a amarme a mí misma, para poder entonces, disfrutar del afecto y cariño de los demás de la manera correcta. Pero, hasta este punto de mi vida, no lo entendía y el enemigo lo había descifrado. Mis pasos, me encaminaron a tener experiencias con el alcohol, discotecas, y actividades contrarias a mí caminar en la fe y que me llevaron a un estado de mayor necesidad personal y espiritual.

El enemigo pensó, que había logrado destruir lo que yo ya había experimentado con el Señor, pero la realidad era, que mi llamado estaba en pausa, porque había sido marcada desde hace mucho tiempo por Dios mismo. Fueron dos años de mi vida, donde este propósito de Dios se mantuvo en pausa, pero aun así, cada mañana fueron nuevas Sus misericordias sobre mí. En este tiempo de búsqueda para llenar este vacío, experimenté la desilusión, la traición, la soledad y golpes emocionales, pero aun así, cada mañana fueron nuevas Sus misericordias. Lo cierto es, que luego de estas experiencias en mi vida, nada cambió y yo continuaba con el mismo vacío. Ninguna de estas experiencias, logró llenar esta área de mi alma, que se encontraba vacía de valor y aceptación en mi vida.

Cuando Dios te marca, cuando Dios tiene un plan que Él estableció que va a cumplir, no importa donde vayas, no importa a donde huyas, siempre Él va a estar presente. *¿A dónde me iré de tu Espíritu? ¿Y a dónde huiré de tu presencia? Si subiere a los cielos, allí estas tú; Y si en el Seol hiciere mi estrado, he aquí, allí tú estás* (Salmo 139:7-8). A pesar, de yo estar huyendo de Aquel, que me había llamado hace mucho, Él me perseguía a dondequiera que iba y alguien siempre tenía una palabra para mí de parte de Él. Era Dios, dejándome saber, que no importa a donde yo tratara de escapar, Él iba a continuar recordándome que yo tenía *Un Llamado Inevitable* en mi vida.

Entre esos recordatorios del Señor, recibí una invitación para un culto y aunque no estaba tan convencida de ir, decidí ir. Lo que no sabía era, que Dios me había citado esa noche, porque era el momento de mi regreso a Él. Desde el momento que llegué al estacionamiento de la iglesia, comencé a sentir la Presencia de Dios. Era Dios recordándome, que mis experiencias en Él estaban solo en pausa, que todavía estaba esperando que yo regresara y me tirara en Sus brazos. Esa cita con el Amado, comenzó a latir en mi corazón y bajando de mi auto comencé a temblar, el Espíritu Santo estaba en el estacionamiento, esperándome para comenzar a sanar mi alma. Esa noche reconcilié mi alma con el Señor Jesús. No paraba de llorar. Volví a sentir esa paz que sentía dos años atrás. Regresé a la casa de mi Padre y Él me recibió con los brazos abiertos, sin juicios ni castigo, solo amor. Esta misma Misericordia, estaba sobre la vida de Sansón. Ven, acompáñame nuevamente a la historia.

Podemos describir la experiencia de Sansón con Dalila, como una desastrosa. Sansón, cayó en manos de sus enemigos, los filisteos. Sus ojos fueron sacados, quedando en las manos de aquellos a quien él tenía la encomienda de destruir. Estos son los momentos donde más pensamientos negativos llegan a nuestra mente. Los latigazos de culpabilidad, nos flagean dejándonos totalmente ciegos y lejos de experimentar lo que es la Misericordia del Señor Dios en nuestra vida. En el verso 18, dice: *Viendo Dalila que él le había descubierto todo su corazón, envió a llamar a los principales de los filisteos, diciendo: Venid esta vez, porque él me ha descubierto todo su corazón.* Sansón en ese momento, tenía al descubierto una debilidad, su autosuficiencia. Confió demasiado en sus propias fuerzas y le llegó el momento de experimentar, nuevamente, el engaño y el dolor de una traición. Pero, esto no significaba, que era el fin de quien era Sansón delante del Padre. Tampoco, significaba el fin de su llamado, que aún no se cumplía y era, libertar a Israel del yugo filisteo.

Todas nosotras, tenemos debilidades y es muy importante, que cada una de esas debilidades se ponga en las manos del Señor Jesús, para que sean sanadas y evitar que en algún momento, nos detengamos en el camino a causa de ellas. Lo cierto es, que la debilidad también es parte de nuestra victoria, porque el poder de nuestro Señor Jesucristo, se manifiesta en medio de ella. El Apóstol Pablo dijo: *Y me ha dicho: Bástate mi gracia; porque mi poder se perfecciona en la debilidad. Por tanto, de buena gana me gloriaré más bien en mis debilidades, para que repose sobre mí el poder de Cristo* (2 Corintios 12:9). Por tal razón, debemos de no detenernos por algún proceso que se pasa por causa de nuestras debilidades, sino que, debemos sumergirnos en la Presencia del Señor, para que Su poder nos perfeccione en Su perfecta voluntad. Tenemos que aceptarnos tal como somos, sin acusaciones, vergüenza ni culpa, porque para poder experimentar la Misericordia de Dios en nuestra vida, nosotras también, debemos ser misericordiosas con nosotras mismas y permitir que Dios las transforme en fortalezas.

Con seguridad, Sansón estaba desanimado mientras estuvo en las manos de los filisteos. Probablemente, se repetía una y otra vez cuan fracasado él era por haber faltado a su llamado y a su encomienda. Cuando leo en el verso 19, lo que Dalila hizo: *Y ella hizo que él se durmiese sobre sus rodillas y llamó a un hombre, quien le rapó las siete guedejas de su cabeza y ella comenzó a afligirlo, pues su fuerza se apartó de él,* creo que probablemente, Sansón analizó esta escena, una y otra vez pensando, cómo debió reaccionar, buscando una solución diferente a lo sucedido. De seguro, que en cada escenario, Sansón buscaba como aliviar su dolor, su frustración y su enojo, porque se sentía derrotado.

El tener episodios en nuestra vida donde nuestra debilidad humana se sobrepone en medio de nuestros procesos, puede ser bastante frustrante, porque no aceptamos que en realidad tenemos una debilidad y que la misma debe ser entregada en las manos del Espíritu Santo, para que la sane y nos fortalezca en Él. El mismo Pablo dijo, en 2 Corintios 13:9: *Por lo cual nos gozamos de que seamos nosotros débiles, y que vosotros estéis fuertes, y aun oramos por vuestra perfección.* El Apóstol, está aceptando que tiene momentos de debilidad, pero se goza porque el Señor le dejó saber, que Él también conoce de esas debilidades y aun así, Su poder se va a perfeccionar en medio de ellas. Si el mismo Señor Dios, conoce cuáles son esas debilidades y momentos de debilidad en tu vida, ¿por qué hemos de cegarnos con pensamientos negativos de las mismas voces que se han encargado de señalarte? El Apóstol Pablo, está diciendo en otras palabras, "yo me gozo, porque aún con mis debilidades, la misericordia de Aquel que me llamó, se posa sobre mi vida desde el momento que me levanto cada mañana".

Me emociona leer, cómo la Misericordia de Jehová, estaba con Sansón, no importando lo sucedido. En el momento, que fue atado con cadenas por los filisteos la historia relata que fue llevado a Gaza. La definición de Gaza es *fuerte, fortaleza, fortificado*. Era necesario que Sansón entendiera, que su fuerza provenía de Jehová y que no importando cual fuese su debilidad, Su poder se iba a perfeccionar en él. En medio de nuestra circunstancia, es muy importante siempre reconocer, que como seres humanos, estamos siendo transformados diariamente y que siempre necesitamos del Señor. Correr a Su presencia, en medio de los momentos difíciles en humillación y entrega, nos lleva a experimentar la hermosa misericordia del Señor en nuestra vida. Sansón, en aquel momento, estaba en una pausa momentánea, pero aun en medio de ese proceso, Dios lo miraba de la misma manera, desde antes de estar en el vientre de su madre, aquel hijo que venía como libertador del pueblo de Israel.

Antes que te anticipes y digas, "pero el murió"; aun así, esta historia nos da aliento de que Dios, a pesar de nuestras pausas momentáneas, Él siempre está presto para escuchar un corazón contrito y humillado. Identifiquemos la misericordia del Señor en la vida de Sansón:

1. Cada experiencia tiene una enseñanza: En medio de los procesos, el sentimiento de culpabilidad y decepción nos puede arropar. Hay una realidad y es, que existe un enemigo que desea vernos detenidos y de que las promesas del Señor, no se cumplan en nosotros. En medio de la frustración, nuestro enemigo se encargará de tener voces que nos mantengan desanimados y frustrados, logrando que el propósito de Dios en nuestras vidas esté en pausa. En el caso de Sansón, se escuchaba la fiesta y el júbilo de los

filisteos por su supuesta victoria. Sus voces eran de humillación y de desprecio; celebrando; lo que para ellos era la desgracia de Sansón. Lo que ellos no entendían, era que una pausa, no significa estar detenido por completo. Sansón, con todas sus debilidades, llegó al lugar correcto, a Gaza. Era el lugar, donde se manifestaría su fortaleza en Dios. Nadie se detiene por tener la rodilla o el codo pelado por una caída que haya tenido. Al contrario, nos paramos, nos limpiamos y seguimos caminando teniendo en cuenta, que tuvimos la experiencia de caernos por un mal paso dado, pero, no estamos derrotados del todo y seremos más fuertes en caso de suceder otra experiencia similar. Nuestra fuerza, es el reconocer que en los momentos que sentimos que estamos en el suelo, el único que está presente es Dios para extender Su mano y levantarnos. El plan de Dios para nuestra vida, no se cancela, al contrario, es el escenario que escoge Dios, para demostrarnos a nosotros Su gracia, Su poder y Su misericordia.

2. La debilidad no equivale a soledad. Jesús, le dijo a sus discípulos: *Y yo rogaré al Padre, y os dará otro Consolador, para que esté con vosotros para siempre* (Juan 14:16). El Espíritu Santo siempre está presto, para ministrar a nuestra vida en medio de las crisis. En el momento de reconocer nuestras faltas, su Espíritu Santo está presente para comenzar ese proceso de restauración en nuestra vida. En el verso 26, la historia relata que Sansón no estaba solo, había un joven que lo guiaba. Me encantó su pedido al muchacho; primero le dice; acércame. Esto es, lo que tenemos que pedir al Espíritu Santo en esos momentos

cruciales: "Por favor, acércame a tu Presencia, necesito que seas mi guía en medio de este proceso". Dios, conoce cómo estamos y cómo nos sentimos, pero Él desea que reconozcamos, que no podemos seguir sin Su guía. Pide acercamiento a Su Presencia, para poder comenzar a sentir esa fortaleza nuevamente. Su segundo pedido es: "hazme palpar las columnas sobre las que descansa la casa". Cuando se experimenta a Dios en nuestra vida, vamos a anhelar palpar Su Presencia nuevamente, ella nos sostiene firmes ante la adversidad. Lo más que me encantó es, cuando dice: "quiero apoyarme sobre lo fuerte, lo que sostiene la casa". Asegúrate, de siempre pedir, estar apoyada sobre la base, la Roca quien es Cristo Jesús. Él es tu único apoyo, Él es el verdadero y el que siempre te sostendrá, no importando la circunstancia presente.

3. <u>Una oración sincera, equivale a misericordia.</u> Sansón, clamó a Jehová, relatado en el verso 28 y lo interesante de su oración, es que podemos observar a un hombre imperfecto y con debilidades. En su oración, le pide a Dios, que se acordara de él y que lo fortaleciera nuevamente. Sansón, a pesar de saber, que por su decisión era su condición presente, le estaba pidiendo a Dios una oportunidad más, con el fin de cumplir su llamado y su diseño en la tierra. Su debilidad como ser humano, se muestra en medio de su oración cuando dice: ...*para que de una vez tome venganza de los filisteos por mis dos ojos.* Cuantas veces, en medio de nuestras oraciones, se manifiesta nuestra parte humana, esa parte débil, pero Dios mira con la sinceridad que estás hablando y te extiende Su

misericordia. En medio de nuestra oración, el Espíritu Santo canaliza esos sentimientos, para que los mismos se alineen a ese plan que Dios ha establecido para nuestra vida. Hubo unas palabras que sobresalieron cuando leía y me llamaron mucho la atención, y las mismas fueron: *...Muera yo con los filisteos.* Cuando se decide hacer la Voluntad del Señor, estamos aceptando que muera el *yo*, la voluntad propia, para hacer Su voluntad. Sansón, estaba decidido a entregar hasta su vida, para vengarse de quien era su enemigo y el enemigo de Israel, los filisteos. Cumpliendo a su vez, el propósito de Dios y para el cual él fue separado, ser libertador del pueblo de Israel de la opresión filistea.

4. <u>Dios cumple Su Propósito Siempre</u>. A pesar, de la historia terminar de forma triste, mirémoslo de otra forma; Dios cumplió Su propósito en Sansón y dice el verso 30: *Entonces se inclinó con toda su fuerza, y cayó la casa sobre los principales, y sobre todo el pueblo que estaba en ella. Y los que mató al morir fueron mucho más que los que había matado durante su vida.* Sansón, libertó al pueblo de Israel de la mano opresora de sus enemigos. La Misericordia del Señor, estuvo sobre Sansón, lo escuchó y le contestó esa petición, matando al final de su historia, más filisteos de lo que mató en vida.

Te invito, a quitar esa pausa momentánea en tu vida. No importa cuales sean los procesos, tus debilidades o las situaciones por las cuales estas pasando; las misericordias de Dios, se posan sobre tu vida cada mañana. El iniciar la carrera nuevamente, no es tarea fácil, pero no es imposible y es de valientes hacerlo. Este es tu momento, de levantarte y retomar ese *Llamado Inevitable* de Dios en tu vida. Que tus errores y experiencias, sean de aprendizaje y crecimiento hacia el cumplimiento del propósito de Dios en ti. Pídele a Dios con sinceridad, Su ayuda y socorro, porque igual que a Sansón, Él responderá tu clamor.

Ahora, veamos la madre de Sansón y su proceso de cumplimiento. Me la imagino, también batallando en su vida antes de ver el cumplimiento de Dios para su hijo. Contrario a lo que le sucedió a Sara, que Dios le habló primero a Abraham, en esta ocasión, el ángel de Jehová, se le aparece a ella y le revela Su propósito para la vida de su hijo.

La mujer en la cultura hebrea, se consideraba bendecida por Dios cuando tenía hijos. Por lo tanto, esta mujer estéril, ya estaba pasando una crisis en su vida. Ella estaba sellada por la sociedad en general, como una mujer maldita por Dios. Seguro que las críticas, las opiniones de otras mujeres y el señalamiento, eran palpables en la vida de esta mujer; "eres estéril, nunca podrás tener hijos". Son voces que llegan como dardos que marcan y lastiman el alma. Son palabras de desprecio, del prejuicio y del señalamiento, que se vive en la familia, en la comunidad religiosa y la sociedad en general.

Cuando estas voces llegan, en muchas ocasiones, se convierten en la causa principal, del por qué existe esa pausa momentánea en nuestra vida. Aceptamos con tanta facilidad, lo que tengan que decir estas voces y echamos a un lado la voz de Aquel quien nos llamó. El salmista dijo, en el Salmo 62:11: *Una vez habló Dios; dos veces he oído esto: que de Dios es el poder.* Las voces del prejuicio y del señalamiento, pueden hablar muchas veces con diferentes intenciones y propósitos, pero DIOS, solo tiene que hablar una sola vez.

Desde siempre nos escogió, nos señaló y estableció un plan perfecto para nuestra vida. Este plan de Dios se lleva acabo, siempre y cuando permitamos, que Su poder se perfeccione en nuestra debilidad.

En el momento que el Ángel de Jehová, se aparece a la madre de Sansón, existe una gran probabilidad, de que ya había unas barreras en su mente, por las voces del prejuicio de la sociedad; "ERES ESTÉRIL". Pero a pesar de todo eso, Dios extendió Su misericordia sobre ella y envió al ángel: *A esta mujer apareció el ángel de Jehová, y le dijo: He aquí que tú eres estéril, y nunca has tenido hijos; pero concebirás y darás a luz un hijo. Ahora, pues, no bebas vino ni sidra, ni comas cosa inmunda* (Jueces 13:3-4). El ángel comenzó, confrontándola con su realidad, llamó su crisis por su nombre. Dios conoce cuál es nuestra crisis, pero Él necesita, que nosotras mismas la identifiquemos para poder comenzar con el proceso de sanación. Inmediatamente, luego que el ángel le presentó su crisis, le reveló la Omnipotencia de Jehová y le declaró el plan que había trazado desde siempre para la vida de ella. Existe un gran, PERO, porque Dios necesitaba que ella estuviera totalmente sana, para Él poder realizar el milagro en ella.

Es bien difícil luchar, con una formación mental que fue construida por el pensar de muchas mentes, con la percepción de otras personas o con esa formación basada en la experiencias de los demás. Existen tantas mujeres, viviendo en anonimato porque han sido selladas, señaladas y hasta puestas en cuarentena, por vivencias del pasado o hasta circunstancias del mismo presente. Actualmente, están en pausa, porque ahora luchan con una voz mucho más fuerte, la de ellas mismas. Nos miramos y golpeamos con el pensamiento, el prejuicio, la acusación y el señalamiento de los demás. Nos convencemos que es ya un hecho y detenemos el propósito de Dios, porque nos olvidamos escuchar a la voz principal, LA VOZ DE DIOS. Termínanos declarándonos estériles, porque entendemos, que nunca vamos a poder dar a luz algo bueno. Tengo, que nuevamente, gritar a los cuatro vientos, ¡NO ES CIERTO! Te lo voy a demostrar por la Biblia en los versos que acabamos de leer y dice: *A esta mujer apareció el ángel de Jehová, y le dijo: He aquí que tú eres estéril, y nunca has tenido hijos; pero concebirás y darás a luz un hijo* (Jueces 13:3). Nuestra condición o situación presente, no determina como va a ser nuestro futuro. Cuando Dios tiene planes para alguien, no importa cómo haya sido su vida, Él ha de cumplir Su plan a cabalidad.

Me imagino a esta mujer, todos los días levantándose desanimada porque ya había aceptado la condición real en la cual estaba viviendo, era estéril. De seguro, luchaba a diario con las batallas mentales que tenía: "mi esposo no me ama, porque soy estéril", "soy un fracaso, porque soy estéril", "nadie se da cuenta que existo, porque soy estéril". Son tantos los pensamientos, que probablemente, pasaban por la mente de esta mujer. Sin embargo, Dios no la estaba mirando como una mujer estéril, sino que ya había determinado una palabra profética sobre ella. Ella iba a dar a luz a un hijo, pero no era cualquier hijo, sino al que iba a libertar al pueblo de Israel de los filisteos. Que mejor ejemplo; una mujer que para la ciencia era algo imposible, quedar preñada y dar a luz; mientras su Creador le decía, tú eres fértil. Es importante entender, que sin sanidad, no podemos ver el cumplimiento de Su plan en nuestra vida. Sin sanidad, es difícil y hasta imposible, que veamos ese milagro que Dios desea cumplir en nosotras, se lleve a cabo. ¿Qué es lo que te tiene estéril? ¿Qué está evitando que sanes? Dios necesita la sanidad total en nuestra vida, para que podamos dar a luz el plan que Él tiene para cada una de nosotras.

Existe una verdad inquebrantable, la cual nos presenta el profeta Isaías, en el capítulo 54:1-5, nos dice: *Regocíjate, oh estéril, la que no daba a luz; levanta canción y da voces de júbilo, la que nunca estuvo de parto; porque más son los hijos de la desamparada que los de la casada, ha dicho Jehová. Ensancha el sitio de tu tienda, y las cortinas de tus habitaciones sean extendidas; no seas escasa; alarga tus cuerdas, y refuerza tus estacas. Porque te extenderás a la mano derecha y a la mano izquierda; y tu descendencia heredera naciones, y habitarás las ciudades asoladas. No temas, pues no serás confundida; y no te avergüences, porque no serás afrentada, sino que te olvidarás de la vergüenza de tu juventud, y de la afrenta de tu viudez no tendrás más memoria. Porque tu marido es tu Hacedor; Jehová de los ejércitos es su nombre; y tu Redentor, el Santo de Israel; Dios de toda la tierra será llamado.*

En esta promesa, Dios nos está diciendo en su hermosa Palabra, que nos regocijemos porque los procesos no son para siempre, que en algún momento terminarán y seremos restauradas. También nos dice: acciónate, levántate, ensancha tu territorio, extiende, camina, trabaja, encárgate de lo posible, porque de lo imposible se encarga Dios. Las faltas de tu pasado, déjalo donde debe estar, en el fondo del mar: *El volverá a tener misericordia de nosotros; sepultará nuestras culpabilidades, y echará en lo profundo del mar todos nuestros pecados* (Miqueas 7:19).

En Jueces 13:24, presenta el cumplimiento de la Palabra que Dios había determinado para aquella mujer estéril (según ella y la sociedad), pero que para Dios era una mujer fértil y de gran bendición para Su pueblo. Es bien importante, que cuidemos nuestro corazón de las voces que no edifican y que no aportan en tu crecimiento espiritual. Demos pasos de firmeza, hacia la Perfecta Voluntad de Dios prestando atención a Su Palabra y dejando que el Espíritu Santo nos guie a toda verdad. Seamos sensibles a la voz más importante, la del Espíritu Santo. Nuestro Marido, nuestro Hacedor, nos da la orden de ir, en pos de las grandezas que Él tiene para nosotras.

Yo, también soy débil, soy imperfecta y he pasado muchas situaciones difíciles, pero hasta el sol de hoy, puedo decir que en cada mañana, son nuevas Sus Misericordias sobre mi vida y Su Propósito perfecto se cumplirá en mí. Y ésta promesa, también está disponible para ti; recíbela y atesórala en tu corazón y levántate confiada, que Dios cumplirá lo que habló.

6

Una oportunidad reconciliadora

$\mathcal{P}$arte de la Misericordia del Señor en nuestra vida, es poder disfrutar y palpar de Sus grandezas. Una de estas grandezas de Dios, es la oportunidad reconciliadora que Él nos permite tener con el Padre a través de su Hijo, Jesucristo. En este capítulo, quiero llevarlas a conocer a dos mujeres, que están unidas por circunstancias de crisis en sus vidas, y que a pesar de estas crisis, ambas, recibieron la maravillosa experiencia reconciliadora con el Señor.

Acompáñenme al libro de Rut y aventurémonos por medio de estos pasajes Bíblicos, para conocer, cuan hermosa es la reconciliación del Señor en la vida del hombre y de cómo Sus grandezas se manifiestan de diferentes formas, siempre con el fin de bendecir y dar bienestar a sus hijos. Estas dos mujeres, podemos decir, que a pesar de las situaciones difíciles en sus vidas, Dios las marcó con un propósito para siempre. En el primer capítulo del libro, nos relata cómo Noemí, juntamente con su esposo y dos hijos, salen de Belén (Casa de Pan) por causa del hambre que había en la tierra, (v.1). Su esposo Elimelec (Dios es

Rey), buscaba alivio para su familia, del hambre que existía en Belén, y decidieron morar en los campos de Moab (de mi padre).

Este escenario, muestra la situación precaria que había en medio del pueblo para los tiempos en que gobernaban los Jueces en Israel. A causa de la idolatría de Israel y de apartarse de Sus estatutos y mandamientos, sufrían fuertes crisis, tanto sociales como económicas. La situación espiritual del pueblo, estaba en alta y bajas y llegaron momentos donde Jehová permitía que el pueblo de Israel cayera en manos de los enemigos, por causa de su desobediencia. En la tierra de Moab, Noemí (placentera), queda viuda y permanece en Moab con sus dos hijos, Mahlón (achacoso) y Quelión (desfallecido). Mientras vivieron allí, los hijos de Noemí contrajeron matrimonio con dos mujeres moabitas, Rut (amiga, compañera fiel) y Orfa (la que da la espalda).

La Biblia nos presenta, que estuvieron aproximadamente diez años viviendo en estas tierras; quedando también viudas las dos moabitas, mujeres de los hijos de Noemí. Ahora, no era solamente una viuda en una tierra extranjera, sino tres viudas en un mismo hogar. Podemos observar nuevamente, cómo la crisis puede llegar a nuestra vida en algún momento, cambiando y tornando nuestra existencia y moviéndonos a tomar decisiones, que a lo mejor ni deseamos tomar. Pero, lo que marca nuestro futuro para nuestro bienestar, es el no olvidar, que existe *una oportunidad reconciliadora* con el Señor para el que le ama y le busca.

Imaginemos a Noemí, en el momento de enviudar, perder a su compañero de vida, un momento muy difícil y doloroso. Probablemente, Noemí había logrado superar la muerte de su esposo, por el tiempo que había pasado desde su muerte. Pero, queda con dos hijos, que por el significado de sus nombres, probablemente, no eran de mucho aliento tampoco. Estos hijos se casan con mujeres del pueblo de Moab y no de Israel, y le llega el luto nuevamente a su vida, cuando sus dos hijos mueren y ahora ella tiene la batuta del bienestar y cuidado, no tan solo de ella, pero de sus dos nueras. Al llegar nuevamente esta crisis de luto, a causa de sus dos únicos hijos, ahora, le corresponde a Noemí, ser responsable del futuro de sus nueras y ser de apoyo hacia ellas. Su primera crisis, o su enviudes, la capacitó para poder ayudar a estas dos mujeres, en el momento que ellas la necesitaban. Quien mejor que ella, para poder dar palabras de aliento, en medio de un dolor que ella ya había experimentado. Este escenario, nos evidencia que a pesar de nuestro momento de crisis, de dolor y aflicción; la misma también es utilizada para bendición en la vida de otras personas, si así lo decidimos que sea. Dios, nos capacita a través de nuestra crisis, para que seamos de bendición en la vida de otros.

Noemí se encuentra entre dos opciones, quedarse allí en Moab, llorando con sus nueras la pérdida de sus maridos, o buscar moverse, para poder sostenerse y sobrevivir. En el verso 6 del primer capítulo, nos dice: *Entonces se levantó con sus nueras, y regresó de los campos de Moab; porque oyó en el campo de Moab que Jehová había visitado a su pueblo para darles pan.* Pasaron diez años, sin escuchar algo del Señor referente a su tierra de Belén. Pero, la Misericordia del Señor es tan grande y hermosa, que Él se aseguró, que a los oídos de Noemí, llegaran las buenas nuevas. El pueblo de Israel, tenía una nueva oportunidad reconciliadora con Jehová su Dios. Cuando se está en medio del dolor y la frustración, llegan momentos, donde nos enfocamos tanto en la crisis, que no escuchamos la voz del Señor diciendo: *"todavía estoy aquí, escucha mi voz y sígueme".*

Noemí tomó una decisión, porque sabía que lo que ella decidiera, iba a afectar a las personas que estaban a su alrededor y en este caso eran, sus nueras. Esto, es un punto muy importante, la toma de decisiones en medio de la crisis, es algo que no se puede hacer apresuradamente, porque la misma nos puede llevar a cometer errores, si las basamos en nuestros sentimientos de desánimo, desconsuelo, frustración o desilusión. Las consecuencias de estas decisiones, basadas en sentimientos equivocados, afectarán no solo nuestra vida, sino también, a todos los que dependen de nosotros y que son parte de nuestro entorno. En especial, cuando emocionalmente estamos fuera de control, es necesario tomar cuidado y ser diligentes en saber distinguir nuestras intenciones verdaderas al momento de tomar una decisión de alto riesgo. Noemí, no estaba solamente pensando en ella, aunque ella estaba pasando también el luto de sus hijos, sino que también consideró el dolor y el proceso de luto de sus nueras. Ella, no solo estaba pensando en el presente, lleno de tristeza y dolor, sino en el futuro incierto que a las tres les tocaba vivir, desde ese momento en adelante. Si yo decido echarme a morir en mi crisis, estoy llevando conmigo a mi familia y a las personas más cercanas a mí. Tomando esto en cuenta, tenemos que ¡LEVANTARNOS!

Nosotras, conocemos que no importa cuál sea la situación, o lo difícil de la crisis que estemos enfrentando, tenemos a un Padre amoroso, que nos va a suplir el pan necesario para que podamos seguir caminando hacia nuestro destino profético y eterno. Noemí, se levantó y comenzó a caminar en la dirección correcta, hacia Dios. ¡Levantémonos, salgamos y regresemos a Belén! Noemí era de la tribu de Judá que significa, *alabanza*, y regresó a Belén su ciudad, que significa, *casa de pan*. Noemí, no se turbó en su presente, sino que miró hacia su futuro, se llenó de alabanza y comenzó a caminar hacia donde ella sabía, tendría su provisión y seguridad, su bienestar. Es el momento, de reconocer la grandeza del Señor en medio de nuestra crisis y de poner en acción lo que hemos creído, para poder ir en pos de este camino reconciliador que tiene Dios para nosotras. Ven, acompáñame al baúl de mis memorias.

Baúl de mis memorias: Yo obtuve una oportunidad reconciliadora

Recuerdo muy bien, cual era mi mentalidad, aquella noche cuando me reconcilié con Dios; estaba enfocada en retomar el lugar que había dejado dos años atrás. Pensé que iba a ser fácil, el retomar la oración, el ayuno y todo lo que tenía que ver con mi vida espiritual. Pero, no fue nada fácil. Aprendí, que cuando tenemos conocimiento, Dios trabaja muy diferente a cuando no se tiene ninguno. Cuando se tiene conocimiento de la Palabra de Dios, se decide si se va a vivir conforme a lo que dice y Él nos fortalece en el camino. Tenemos una responsabilidad demasiado grande en mantenernos firmes, conforme a lo que Él nos pide; contrario a cuando comenzamos en nuestro caminar como creyentes, que somos una criatura sin conocimiento y poco a poco, somos alimentados con el pan de vida, la Palabra de Dios. Pero, según vamos adquiriendo el conocimiento de Dios, se nos requiere fidelidad a Él.

Dios, estaba listo para que yo retomara todo lo que Él tenía para mí, pero, yo no quería estar lista. Todavía, estaba mirando por la ventana, coqueteando con todas las cosas que había experimentado y que me alejaban de Dios. Quería los dos mundos, pero este caminar en Dios, es uno de santidad y solo se puede servir a un solo Señor. Querer hacer lo contrario, nos colocamos entre los desobedientes y tomaremos decisiones contaminadas, que seguirán deteriorando nuestro interés de servir a Dios.

Terminé, poniendo en pausa los planes que el Señor tenía para mí, nuevamente. Ni hice el intento de arreglar mi vida y todo me fue peor. Todas las cosas seguían hacia atrás, pero yo no me daba cuenta que Dios me estaba llamando, y seguiría llamando mi atención, costara lo que costara. En medio de mi indecisión y obviando el llamado que Dios me hacía, llegó el golpe más fuerte a mi vida; la traición y la desilusión. Comencé una relación amorosa, donde pensé que éste sí, era la persona indicada para yo ser feliz. Pensé, que él iba a ser la persona con quien iba a pasar el resto de mi vida, junto a mis hijos. Pero me equivoqué, cuando menos me lo imaginaba, se olvidó de mí y no me buscó más. Me sentía despreciada, abandonada y sin ningún valor para nadie.

Llegué con lo último de mi voluntad, a la iglesia ese día. Llevaba tres días de cama, sin deseos de levantarme, no comía y no paraba de llorar. Pero Dios, llegó en el momento que lo necesitaba, para consolarme y sanar mi alma. Me encantaría decirte, que esa experiencia fue el trampolín para regresar al Señor, pero no fue así. A pesar de recibir ese consuelo y sanidad de parte de Dios, seguí caminando sin rumbo, mientras Dios nuevamente, intentaba llamar mi atención. Dios usaba al que fuera y lo que fuera, con diferentes mensajes, para captar mi atención, pero, yo estaba muy necia, en mi propia auto compasión y desvalía. Sin embargo, Dios nunca permitió que me olvidara de cuánto Él me ama. Mis experiencias fueron muy duras y dolorosas, a causa de mi propia terquedad y desobediencia. Todavía anhelaba y buscaba incesantemente, sentir el amor y el cariño del cual carecía, en otros, sin obtener el resultado que tanto anhelaba.

Una noche, estuve soñando que me reconciliaba con Dios. Desperté del sueño y nuevamente, me recuesto. Cuando de momento, salgo soñando de nuevo, que me estoy reconciliando con Él. Tuve el mismo sueño, toda la noche. Desperté en la mañana y le dije a Dios: "¡ya entendí el mensaje!" Me vestí y me fui para la iglesia donde me había reconciliado la última vez.

Estaba cansada y cargada mi alma de tanto sufrimiento, que no quería pensar ni seguir viviendo de esta manera. Después de la escuela dominical, hablé con la maestra y junto con su oración, me reconcilié definitivamente, con el Señor. No puse excusas, no titubeé en mi decisión, solo quería regresar a mi casa de pan y ser saciada por el Padre. En ese mismo momento, decidí caminar con paso firme y sin mirar atrás.

Ese *Llamado Inevitable* que hay en mi vida, volvía a seducirme, pero aun así, el levantarme de mi estado catatónico e inerte, era fuerte. Había recibido ese refrigerio de Dios y me sentía amada, pero llevaba un sentimiento de culpa y de vergüenza, que me detenía en mí caminar. Recuerdo una noche, que mi alma se sentía muy cargada, fui a la iglesia y me senté en la fila de atrás. El ministerio de pantomima de la iglesia, dramatizaba dos alabanzas donde por medio de ellas, tuve una experiencia sobrenatural con el Señor. Una de las alabanzas, hablaba de una persona apartada de Dios, y yo no podía parar de llorar. Era como si Dios, estaba presentando mi vida a través de esa alabanza. El Espíritu Santo, me traía a la mente mi condición como pecadora, pero aun así, sentía Su misericordia sobre mi vida. Comenzó la segunda alabanza titulada *Cadenas* de Benicio Molina y mientras la escuchaba, yo lloraba más y más. De momento, comencé a sentir las cadenas de mi alma, caer de mí. Sentía que mi alma, estaba siendo libertada de una forma poderosa. Pero no era una sola vez, era de continuo y seguían cayendo las cadenas. Caían las cadenas del maltrato, del dolor, de la traición, del abandono, de la culpa, de la vergüenza, de todo lo que me mantenía inerte y sin poder caminar. Yo no paraba de llorar, porque sabía que el Espíritu Santo me estaba libertando de todo el rencor, del dolor y la tristeza. Estaba siendo libertada, de todo aquello que era obstáculo en mi camino, Dios lo quitó TODO. En ese instante, sabía que algo grande venía para mi vida. En el año 2000, fue el comienzo de mi vida, me reconcilié con

Dios, fui libertada de toda culpa y Dios me tomó de la mano, para emprender una nueva etapa en mi vida. Sin yo merecer nada, Dios me otorgó ser merecedora de toda Su bondad, Su perdón, Su amor y Su poder reconciliador.

Comienzo a trabajar en diferentes facetas en la iglesia. Estaba con la disposición de hacer todo lo que me ponían a hacer. Fui presidenta de damas, trabajé en los proyectos de pro-templo, pertenecí al ministerio de Diáconos, hasta llegar a ser Pastora Asistente de la Iglesia. Estaba llena de gozo, y mi corazón seguía anhelando serle fiel y servirle solo a Él. Entonces, llegó el momento de anhelar ir a un viaje misionero y surgió un viaje para Santo Domingo. Yo anhelaba ir, pero sabía que no podía, porque económicamente, no lo podía costear.

Recuerdo, que un viernes por la noche, todo el grupo que iba para este viaje, tenía que quedarse luego del servicio, para orar. Yo con el deseo intenso de ir, pero sabía que no podía Cuando llegué a la puerta de la iglesia para irme, el líder del viaje me dijo: ¿para dónde vas? ¿Tú no vas para el viaje? Le contesté que no, porque no podía costearlo. El me respondió: ¿Dónde está tu fe? Me quedé a orar con el grupo, con el deseo ferviente de ir a ese viaje. En varios días, me llegó la noticia de que mi viaje estaba pago. El Salmo 37:4-5, dice: *Deléitate asimismo en Jehová, y el té concederá las peticiones de tu corazón. Encomienda a Jehová tu camino, y confía en él, y el hará.* Ambos versos son poderosos, pero existe un punto que quiero aclarar. Tenemos muchas peticiones en nuestro corazón que deseamos que Dios nos conceda. Pero es importante entender, que las peticiones que menciona este Salmo, son todas aquellas que están alineadas a la Voluntad de Dios. Dios, me estaba concediendo la petición de mi corazón, porque estaba alineada a lo que era Su voluntad perfecta para mi vida en ese momento. Era parte de mi crecimiento y formación, no era una petición frívola ni vacía.

En nuestra formación espiritual, veremos peticiones que no son contestadas o que se retrasan, pero esto no significa, que estamos fuera de Su voluntad, sino que Dios nos tiene formando nuestro carácter en el proceso, para que seamos efectivos y útiles en Su Reino. Así que, no debemos de desanimarnos, ni sentir dolor cuando anhelando algo, no lo recibimos en el momento. Dios, es nuestro Hacedor y conoce lo que nuestra alma necesita, en el momento que la necesita, porque Su voluntad y Su tiempo son perfectos.

Mi primera predicación, fue en ese viaje misionero. Obtuve en este viaje, experiencias que atesoro en el baúl de mis memorias, que marcaron mi vida de forma poderosa y que están presentes en mi corazón. Mientras más pasaba el tiempo, en mi corazón crecía un amor y una pasión por el Pastorado. El cuidado de los fieles y de ser de bendición al pueblo de Dios, por medio de este servicio, ardía dentro de mí. Dios hasta ese momento, no me había hablado de pastorado, pero estaba latente esta pasión en mi interior. A pesar de ese sentir por el pastorado, siempre quise ser evangelista y de trabajar con la juventud; y nuevamente, Dios me concede la petición de mi corazón. Tuve la credencial de evangelista por dos años, mientras en este tiempo, estaba todavía en mi formación cristiana. Es casi inentendible, pero lo que sí sé, es que la oportunidad reconciliadora llegó a mi vida, tomé la decisión, di pasos firmes y me levanté segura, de que Dios dirigía mis pasos y me llenaba del conocimiento de Él.

Retomando la historia de Noemí, deseo presentarte a una de sus nueras, Rut. En los versos 7 y 8, nos relata el estado de incertidumbre, en que las tres mujeres se encontraban y las decisiones que las tres tomaron: *Salió, pues, del lugar donde había estado, y con ella sus dos nueras, y comenzaron a caminar para volverse a la tierra de Judá. Y Noemí dijo a sus dos nueras: Andad, volveos cada una a la casa de su madre; Jehová haga*

con vosotras misericordia, como la habéis hecho con los muertos
y conmigo.

Llegó el momento crucial y decisivo para Orfa y Rut.
Noemí les dio a ambas, la oportunidad a regresar con sus madres.
Les dio la libertad de escoger, el no continuar junto a ella y de
que pudieran rehacer sus vidas como viudas jóvenes, fuertes y
hábiles de tener familias propias. En el verso 10, nos describe
como ambas lloraron y dijeron que regresaban con Noemí y no la
abandonarían. Puedo percibir, que ambas amaban a Noemí, y que
agradecían el apoyo y el amor demostrado por su suegra hacia
ellas. Aun así, Noemí insistió a que regresaran a su tierra y a su
parentela, presentándoles su realidad, de que no podía tener más
hijos y aunque los tuviera, ellas no iban a esperar que crecieran
para poder casarse con ellos. Cuando leí la historia, me dio un
poco de gracia, porque Orfa a pesar de llorar, consideró las
palabras de Noemí y decidió regresar, porque ella entendía, que
no iba a poder con el empuje. Pero su decisión, estaba basada en
lo que eran sus necesidades como mujer, sin pensar en la
posibilidad, de quién la iba estar esperando cuando llegara a
Belén; de que allí estaba el mejor Marido, nuestro Hacedor;
Jehová, Dios de Israel.

La decisión de Rut, fue totalmente diferente, porque ella
no estaba pensando en sus beneficios como mujer, sino en su
fidelidad hacia Noemí y su amor por ella. Rut, vio algo más que
un marido, ella anhelaba ver al Dios de Israel obrar a favor de
ella y de Noemí; y esto lo evidencia la Biblia cuando ella dijo:
"Respondió Rut: No me ruegues que te deje, y me aparte de ti;
porque a dondequiera que tu fueres, iré yo, y dondequiera que
vivires, viviré. Tu pueblo será mi pueblo, y tu Dios mi Dios.
Donde murieres, moriré yo, y allí seré sepultada; así me haga
Jehová, y aun me añada, que solo la muerte hará separación
entre nosotras dos (versos 16-17).

En Rut, que entre sus significados esta *amiga* y *compañera fiel*, podemos apreciar la inmensa gratitud que tenía hacia Noemí, y de cómo anhelaba ver por ella misma, lo que probablemente, había escuchado en la casa de Elimelec, sobre el Dios de Israel. Su resistencia a volver a lo conocido y aventurarse a algo nuevo, lo evidenció con sus actos y la decisión que tomó, en no dejar a su suegra y seguir junto a ella. Noemí, por su parte, percibió el corazón de Rut, y entendió que estaba en la disposición de conocer al Dios Todopoderoso, no importando lo que dejaba atrás para lograrlo, así que no insistió más y le permitió que la acompañara en su viaje.

He escuchado estos versos ser leídos tantas veces, y los he leído muchas veces más. No importa las veces que se lean o se escuchen, las mismas marcan, al ver la decisión tan certera de Rut. Pero ella, estaba decidida en ir en pos de un camino, que no conocía y de un Dios que conocía solo de lo que había escuchado en casa de Elimelec. Ahora, ella estaba decidida a ir y a conocer a Aquel que abrió el Mar Rojo, que dio la tierra de leche y miel, que derribó las murallas de Jericó y todas las hazañas que hizo, a favor del pueblo israelita. Mis decisiones, marcan mi futuro para bien o para mal. Puedo decidir sentarme y ahogarme en mis penas, o decidir levantarme, accionar mis pasos hacia Belén y reconocer que no hay otra solución a mi crisis, que no sea Dios.

La experiencia de nuestra reconciliación con el Señor, es inmediata. En el momento, de decidir tomar este paso, Dios en Su infinita misericordia, nos recibe con amor. Él no rechaza un corazón contrito y humillado (Salmo 51:17). Tampoco rechaza, un corazón que está dispuesto a regresar a Él y permitir que Su amor lo cubra en el poder de Su reconciliación. Sin embargo, es bien importante creer con certeza, que Dios está obrando a mi favor en ese momento de yo permitirle que entre a mi vida. La condición espiritual no es la más saludable y está puesta en peligro, cuando se anda en amargura. Esta es la situación espiritual de Noemí, al regresar a Belén. A pesar de haber escuchado que Dios había visitado a Belén, su estado espiritual estaba por el piso y sus palabras demostraron, que no estaba del todo convencida de que le iría bien. El volver a comenzar y el decidir regresar, en muchas ocasiones, es difícil. El tomar la decisión, es solo el comienzo y no nos garantiza nada. Nuestra actitud, tiene mucho poder en que podamos recibir de Dios, Su poder redentor y Su restauración. Así, como se ha identificado a satanás como nuestro enemigo, también es cierto, que nosotras mismas, podemos ser nuestro propio enemigo. Nuestros pensamientos, contrarios a lo que Dios ha dicho de nosotras y de todas Sus promesas, son armas mortales para nuestra vida, que no nos permiten experimentar este poder redentor de parte del Padre.

Noemí regresó, porque sabía que la única esperanza que tenían, ella y Rut, era Jehová. Sabía, que el único lugar donde iba a recibir el pan que la iba a revivir, era en Belén. Pero me imagino a Noemí en el camino, pensando qué dirá la gente cuando la vieran llegar, viuda y con una nuera, viuda también. Me parece escuchar su discurso mental: "Me fui con mi familia y ahora regreso sin ellos. Regreso sin mi esposo, ni mis hijos. Regreso viuda y con mi nuera, la moabita. Regreso peor de lo que me fui." El campo de batalla en su mente, estaba en acción, y lamentablemente, estaban ganando los pensamientos negativos. La Biblia nos relata que cuando Noemí y Rut llegaron a Belén, las demás mujeres, se quedaron mirando y comenzaron a preguntarse: *¿Acaso esa es Noemí?* (v. 19). No hay nada más poderoso que nuestra lengua. La Biblia dice en Proverbios 18: 20-21: *El vientre del hombre será llenado con el fruto de su boca, del producto de sus labios será saciado. La muerte y la vida están en poder de la lengua: lo que escoja, eso comerá.*

Una realidad tan grande es, que debemos utilizar nuestra lengua, para proclamar el poderío del Señor sobre nuestra vida. La pregunta perfecta es: ¿Quién practica tal autoridad? No importa el tiempo que se ha estado en las tierras de Moab, en el simple hecho de decidir regresar a Belén, ya tienes la oportunidad reconciliadora que el Señor da, a todo aquel que desea experimentarlo, nuevamente. No dejar que la opinión de otros, afecte ni determine tu estado reconciliador con Dios, es de suma importancia. Si permites, que tu alma crea en lo que otros hablan y opinan de ti, tu alma se contaminará y hablarás contrario a lo que Dios ya habló de ti. Noemí, inmediatamente, respondió a la pregunta de todos: *Y ella les respondía: No me llaméis Noemí, sino llamadme Mara; porque en grande amargura me ha puesto el Todopoderoso. Yo me fui llena, pero Jehová, me ha vuelto con las manos vacías. ¿Por qué me llamaréis Noemí, ya que Jehová ha dado testimonio contra mí, y el Todopoderoso me ha afligido?* (v.20-21). Noemí comenzó a responder, según las batallas mentales, que ella tenía mientras caminaba hacia Belén. Esta misma presión, del: "qué dirán de mí, ahora que regreso después de tanto tiempo a la iglesia", es también real hoy, en nuestros círculos cristianos. Estos mismos pensamientos que tuvo Noemí, son los que se imponen sobre nosotras, por el mismo prejuicio que tenemos, basado en los comentarios y las críticas que escuchamos de los demás.

Noemí, comenzó a declarar, cuál era su estado espiritual y emocional, en el momento que entraba a aquella ciudad, sin percatarse, que en el momento que ella decidió regresar, ya el amor del Padre la estaba cubriendo, para que experimentara la oportunidad de la reconciliación en su vida. Son muchas las mujeres que por estar cautivas en el pasado, en el dolor y en la amargura, todavía no se han percatado que la oportunidad reconciliadora del Señor esta sobre ellas hace mucho tiempo. Toman la postura de Noemí, declarando con sus labios, que siguen en el estado de donde Dios ya las sacó, en el mismo instante que decidieron reconciliarse con Él. Pero el Padre Celestial es tan maravilloso, que Él se aseguró, que Noemí y Rut, llegaran a Belén, en el momento de la ciega de la cebada (v.22). Un momento de regocijo para el pueblo de Israel, donde reconocían que Jehová les estaba bendiciendo y ellos estaban en acción de gracias. El fruto de la bendición divina tenía que celebrarse en medio de la cosecha; Jehová no se olvidó de ellos. Tampoco se olvidó de Noemí ni de Rut. Dos mujeres, afectadas emocionalmente, por la pérdida de sus seres queridos. Una en amargura, porque entendía que Jehová la había castigado, y la otra, en dolor y en tristeza por el luto de su marido; ambas estaban llegando de regreso al lugar, donde todo iba a dar un giro de ciento ochenta grados. La reconciliación con el Señor, es una experiencia de transformación completa, siempre que se lo permitamos. Esta oportunidad que Dios nos da, a cada una de nosotras, es una única, porque en medio de este proceso somos sanadas, somos restauradas, y somos llenas del Poderío del Señor para ser de bendición a otros.

A pesar de Rut, no conocer de cerca quién era el Dios Viviente de Israel, ella deseaba conocerle y servirle de corazón. Como les mencioné en el principio, Dios no rechaza un corazón sincero y transparente, delante de Él. No importando el estado emocional en la que ellas llegaron, ambas no se rindieron ni se echaron a morir. Rut, llegó con un corazón dispuesto a trabajar y hacer lo que fuera necesario para que ellas pudieran sobrevivir. Siempre debemos recordar, que en nosotras está el potencial de transformar nuestro ambiente y de hacer todo lo que esté a nuestro alcance hacer. Lo que está en nuestras manos y las capacidades que poseemos son herramientas para comenzar a hacer algo nuevo y diferente. Dios, nos otorgará la recompensa y hará a nuestro favor lo imposible. Ambas mujeres, estaban poniendo de su parte para poder recuperar, lo que para ellas entendían, era esa oportunidad reconciliadora de parte del Padre. Rut, comenzó a trabajar inmediatamente en los campos, siguiendo las estrictas directrices que le daba Noemí. El accionarse en medio del proceso, el creer que Dios hará, te permitirá ver las grandezas del Señor. Rut y Noemí decidieron echar a un lado su dolor y tristeza y comenzaron a sumergirse en esa oportunidad reconciliadora con el Señor. Esa oportunidad que el Señor nos presenta, no nos estanca, al contrario, nos empuja hacia el propósito que Él tiene para cada una de nosotras y es de nuestro beneficio creerle y obedecerle.

Estas dos mujeres, decidieron sanar, decidieron olvidar y decidieron ser libres de toda amargura. Cuando decidimos disfrutar de la oportunidad reconciliadora del Señor, veremos y recibiremos Su fruto de bendición en cada paso que demos en la vida. Y así sucedió con Noemí y con Rut, al regresar al lugar donde no solo serían alimentadas, sino sanadas y restauradas en bendición sobreabundante. *Booz, pues, tomó a Rut, y ella fue su mujer; y se llegó a ella, y Jehová le dio que concibiese y diese a luz un hijo. Y las mujeres decían a Noemí: Loado sea Jehová, que hizo que no te faltase hoy pariente, cuyo nombre será celebrado en Israel; el cual será restaurador de tu alma, y sustentará tu vejez; pues tu nuera, que te ama, lo ha dado a luz; y ella es de más valor para ti que siete hijos* (Rut 4:14-15).

Dios mostrará una y otra vez, Sus grandezas y Sus bondades sobre nosotras. Rut, que no pensó en sus beneficios de mujer, esposa y madre, fue recompensada su fidelidad y fervor en conocer al Dios de Israel. Por otro lado, Noemí tuvo gozo en su vejez, su amargura fue quitada y reemplazada con la esperanza que recibió al ver el hijo de Rut, siendo loada por los mismos que se sorprendieron el verle llegar a Belén, viuda, pobre y llena de dolor.

Aprovechemos, la oportunidad reconciliadora que nos da el Señor, y te aseguro, que recibirás fuerzas nuevas para seguir firme y sin temor a un futuro de bienestar y de bendición. Atrévete, a ir en pos de todo lo que el Señor te ha prometido. Ve, y da a luz a ese ministerio que Dios ha puesto en tus manos, porque son muchos los que están esperando ver esa transformación en tu vida. Honrarán y glorificarán al Padre Celestial, por esa oportunidad reconciliadora, que se refleja en nuestra vida. ¡Aleluya!

7

Ebenezer, hasta aquí me ha ayudado Dios

Siempre, se debe tener presente, que los procesos estarán en la aventura de la vida. No importa cuán fiel pensemos que le somos a Dios, existe algo en nuestro carácter, nuestra manera de pensar y la forma de tomar decisiones que necesitan ser moldeadas y transformadas en nuestra vida. Todos tenemos heridas en nuestra alma, que tienen que ser sanadas por Dios, porque influyen en cómo nos comportamos, se afectan nuestras relaciones interpersonales y la forma que reaccionamos a las circunstancias difíciles. Hay que estar conscientes, que este proceso de afinación de nuestro carácter, continuará hasta que nuestro Amado nos venga a buscar. El protagonista que viene a mi mente en relación a este tema, es Job. Acompáñenme, a examinar juntas la historia de este hombre.

En el primer capítulo del libro de Job, Dios se encarga de destacar las cualidades de este hombre: *Hubo en tierra de Uz un varón llamado Job; y era este hombre perfecto y recto, temeroso de Dios y apartado del mal.* Podemos entonces, describir a este hombre en términos del siglo 21, como un hombre de valores, moral, honesto; un hombre intachable. No voy a llevar el enfoque de esta historia, basándome en las intenciones destructivas de satanás, porque siguen vigentes y sabemos, que existe un ser maligno que no desea que nosotras estemos victoriosas en el Señor. Mantendré mi enfoque de esta historia, en cómo Job accionó ante su adversidad. Existen muchas enseñanzas en la historia de este hombre, que nos edifica y nos ayuda a cambiar nuestra mentalidad en el momento que los procesos llegan a nuestra vida. Analicemos tres puntos, que podemos utilizar como guía, para nuestra propia vida cuando lleguen esos momentos de dificultad y adversidad.

Veamos el capítulo 1:9-12: *Respondiendo Satanás a Jehová, dijo: ¿Acaso teme Job a Dios de balde? ¿No le has cercado alrededor a él y a su casa y a todo lo que tiene? Al trabajo de sus manos has dado bendición; por tanto, sus bienes han aumentado sobre la tierra. Pero extiende ahora tu mano y toca todo lo que tiene, y verás si no blasfema contra ti en tu misma presencia. Dijo Jehová a Satanás: He aquí, todo lo que tiene esta en tu mano sobre él. Y salió Satanás de delante de Jehová.* Éste, es el primer proceso que tuvo que pasar Job. La Biblia dice, en los versos 13 en adelante, que Job en un día, perdió bajo ataque todo cuanto poseía. Perdió su vasta riqueza de ganado, sus criados, tierras y también a todos sus hijos, de forma violenta y fugaz. Imagínate en los zapatos de Job. Poniendo en balanza los detalles de la crisis que enfrentaba, el proceso más doloroso, fue perder a sus hijos.

Este tipo de crisis es bien difícil de superar. La pérdida de un hijo es lo más doloroso que puede atravesar un padre o una madre y la Biblia nos presenta que Job amaba y se preocupaba de sus hijos, cuidaba de ellos en todas las áreas, en especial el área espiritual. Esta experiencia de pérdida de Job, me hace recordar, una de mis experiencias más dolorosas que he vivido. Acompáñame al baúl de mis memorias.

El baúl de mis memorias: Un luto inesperado

Los pasos firmes que di cuando me levanté, fueron con mucha seguridad y con expectativas grandes en el Señor. En medio de mi caminar, comencé por Su misericordia, a subir escalones en el ámbito espiritual y eclesial. Me encontraba en un tiempo muy hermoso con Dios, donde mi aprendizaje y crecimiento era constante. Sin embargo, seguía con vacíos y heridas, las cuales, no fui responsable en sanar a tiempo y que influyeron en una cadena de toma de decisiones devastadoras para mí.

Conocí un joven de la iglesia, con el cual decidí casarme, sin verdaderamente conocernos ni cultivar una relación saludable para los dos. Sin embargo, ambos poseíamos un llamado pastoral y esto para mi tenía mucho significado, aunque no lo realicé en el momento. Nuestra aventura matrimonial comenzó, el 27 de noviembre de 2004. Para mí, este evento tenía mucha importancia, porque era mi primer matrimonio, además, era por la iglesia y me permitía pensar que Dios respaldaba esta decisión. La realidad es, que no estábamos preparados para el matrimonio, no teníamos los mismos intereses ni las mismas metas en la vida. Yo me ilusioné y accioné, sin tomar ninguna responsabilidad en evaluar, si este paso, era verdaderamente, lo que Dios tenía para mí. Ya yo tenía dos hijos, estaba lastimada y tratando de encaminar mi vida y la de ellos. Me faltaba mucho por aprender y sanar. Mis heridas y remordimiento por lo vivido, ponían un peso mayor e incorrecto sobre la relación. Sin embargo, Dios nos encaminaba hacia el llamado pastoral y esto me llenaba de ilusión, de que estaba haciendo lo correcto.

En el año 2004, comencé a ejercer la posición de Pastor Asistente, en la iglesia donde nos congregábamos. Pero, luego de tres años de casados, la crisis comenzó en nuestra relación y empeoraba cada día más. Mis dos niños, ya estaban en la adolescencia y Dios, me había bendecido con otro varón, en el segundo año de matrimonio. Recuerdo, cuando en medio de esta crisis matrimonial, llega la noticia de que estoy embarazada, nuevamente. La noticia de este embarazo, trajo esperanza y ánimo en mi hogar. Recuerdo como hoy, cuando llegué a mi primera cita prenatal. Pasé por todos los procedimientos requeridos en la cita prenatal y llegó el momento más emocionante; iba escuchar los latidos de mi bebé.

El médico que me estaba atendiendo, preparó todo y comenzó a hacer la sonografía. Vi a mi bebé en el monitor y se veía todo bien. De momento, veo que el medico comenzó a buscar algún tipo de reacción del bebé en mi vientre y no pasaba nada. Se detuvo un momento y buscó a otro médico, para pedir una segunda opinión. Lo que era para mí, era una esperanza en medio de mi crisis, tornó ser una pesadilla indescriptible. El médico, comenzó a explicarme que el corazón del bebé, había parado de latir. Yo lo miraba, pero no sabía qué decir, ni qué hacer. Solo pensaba, en los momentos que sentía los movimientos del bebé en mi vientre. Él intentó buscar todas las palabras posibles, para que la noticia no fuera tan dura para mí, pero sus esfuerzos fueron infructuosos. Ellos salieron de la oficina, y yo comencé a llorar sin consuelo. El médico, inmediatamente, solicitó que se me hiciera otra sonografía más al detalle, para confirmar lo que había detectado. Tan pronto me dio la orden médica, fui buscando que la noticia que me habían dado, era un error.

Llegué ese mismo día, hasta otra oficina médica, donde se especializan en este tipo de exámenes. Mientras me hacían la sonografía, la muchacha, me preguntó la razón de yo ir allí. Mientras le explicaba, en mi corazón, quería escuchar una palabra alentadora, indicando que el corazón del bebé, estaba latiendo pero ella, se quedó en silencio. Este proceso me marcó, porque no importa cuántos hijos se tiene, el tener el milagro de vida dentro de nuestro vientre, es una experiencia que solo la mujer puede explicar. Después de confirmada la triste noticia, me tuvieron una semana, con mi bebé sin vida en el vientre, y para mí, esto fue una tortura. En la iglesia, oraban por el bebé, pero yo solo le decía al Señor: "que se cumpla tu Voluntad. Un día me dijiste, que mis hijos serán salvos". Estaba preparada, que si no ocurría un milagro de vida, aun así, Dios estaba cumpliendo Su Palabra, sobre uno de mis hijos.

No olvido la fecha; fue el 11 de marzo del 2009, cuando fui al médico y comenzaron el proceso de provocarme el parto. Es un proceso de mucho trauma. Primeramente, me ubicaron en el piso de maternidad, donde las demás mujeres, tenían sus bebés saludables y llorando en su cuarto. Aunque estaba sola en el cuarto, escuchaba las familias en los otros cuartos, y a los bebés recién nacidos, llorando. Solo me quedaba llorar allí, sola y sintiendo los dolores para dar a luz. La insensibilidad de las enfermeras en decir: "por lo menos ya tienes hijos", era sencillamente, repugnante. No podía creer lo que estaba escuchando, porque mi dolor era como si nunca hubiera tenido ninguno. La pérdida de un hijo es inexplicable y no me quiero imaginar, lo que sentía el Padre cuando entregó a su Único Hijo, para salvar a la humanidad. Por amor a nosotras, que estamos de pie hoy, sin importar, cuál ha sido el proceso, por el que hemos pasado, Dios por medio de Su Hijo, trajo la Salvación.

Llegó el momento, donde comencé a sentir mi cuerpo dar pujos. Mi reacción, fue de ir corriendo al baño, cuando me percato que mi cuerpo estaba expulsando todo. De momento cayó al piso, y mi bebé, estaba en el suelo. Este proceso para mí fue muy difícil y traumatizante. La enfermera, me preguntó si deseaba ver el bebé y saber cuál era el sexo. Le respondí que no y le solicité que se llevara el bebé, inmediatamente. No importa, cuán fuerte intentemos proyectarnos hacia los demás, existen experiencias que nos van a quebrantar a tal grado, que pensamos, que nunca vamos a salir de ese proceso. Así me sentía, en ese instante. Después de todo el procedimiento, al próximo día me dieron de alta del hospital. Me fui de maternidad, con mis brazos vacíos y con el corazón hecho pedazos. Los días pasaban y cada vez me sumergía más en una depresión. Lloraba todo el día sufriendo una experiencia tan horrible y sin entender el porqué del suceso.

Un día, estaba sentada en el auto y el Espíritu Santo, comenzó a ministrar a mi vida con una alabanza: *"Alma mía alaba a Jehová, aquél que te dio la vida y vino a ser morada en ti. Alma mía no quiero que estés triste si Cristo te hizo libre, para que puedas adorarle. Alma mía, alaba a Jehová, porque si tú le alabas yo estaré en paz."* El Espíritu Santo seguía poniendo esa alabanza en mi corazón y comencé a cantarlo en voz alta. Era un cántico de liberación, que necesitaba con urgencia. Dios, me estaba libertando de la angustia y el dolor. Me libertaba de la depresión en que me encontraba. Seguí, cantando en voz alta esa alabanza y la Paz del Señor, comenzó a inundar mi interior. En 2 de Samuel 22:7, dice: *En mi angustia invoqué al Señor, si, clamé a mi Dios desde su templo oyó mi voz, y mi clamor llegó a sus oídos.* Mi dolor y sufrimiento, habían subido al Trono de mi Señor y Él se inclinó a mí y me escuchó. No tan solo se quedó escuchando, sino que me habló y me sanó, en ese mismo instante. El dolor de la pérdida de un hijo, no importa como haya sido, es uno inexplicable, pero el Padre Celestial que está en los cielos, conoce con exactitud cómo se siente, porque su Hijo fue entregado a muerte, por amor a nosotras. Deposita ese dolor, en las manos del Señor y permite que Él te dé ese cántico de liberación y que tu alma sea libertada del dolor y de la angustia. Recibe la Paz, que solo Él puede dar.

Vamos a ver, cuál fue la actitud que tomó Job, en medio de su proceso de la pérdida de todos sus hijos. En Job 1:20-22, dice: *Entonces Job,* **_se levantó_**, **_rasgó su manto_**, **_se rasuró la cabeza_**, **_y postrándose en tierra_**, **_adoró_**, *y dijo: Desnudo salí del vientre de mi madre y desnudo volveré allá. El Señor dio y el Señor quitó; bendito sea el nombre del Señor. En todo esto Job no pecó ni culpó a Dios.* En estos tres versos, podemos identificar cuál fue la actitud que tomó Job. Vayamos al detalle:

❖ **_Se levantó_**: Usualmente, cuando pasamos por procesos difíciles, lo primero que se tiende a hacer es sentarse, alejarse y a inmovilizarse porque emocionalmente, estamos afectadas y nos dejamos llevar por lo que estamos sintiendo en el momento. Un ejemplo bíblico de esto, es cuando Elías se va huyendo y se esconde en una cueva. La actitud de Elías en ese momento, era de huir y de esconderse, porque era lo que estaba sintiendo en ese momento. Algo que todas debemos tener presente es, que no nos podemos dejar llevar por lo que estamos sintiendo en el momento de la aflicción. Job, a pesar de su dolor, tomó la decisión de ponerse de pie. Con su acción está diciendo: "este proceso por el cual estoy pasando, no me va a detener. Una de las definiciones que se encuentra para levantar es: *edificar, construir, erigir*. Según lo que presenta la definición, Job decidió en medio de su dolor, edificar una relación más sólida con Dios. Se levantó para accionarse en medio de su proceso y no dejarse aplastar por él. Reconoció, que había llegado el quebranto a su vida y que Dios era el único refugio a su dolor.

❖ ***Rasgó su manto y rasuró su cabeza:*** Éstas acciones de Job demuestran, que no podemos tomar esa postura de mujeres de hierros, como en muchas ocasiones queremos proyectar. Somos seres pensantes y también sentimos. Dios nos creó así. Por tal razón, hay que reconocer cuando estamos sufriendo el dolor de una situación, de llorar y darnos el espacio necesario para procesar esos sentimientos. Está bien que nos desahoguemos delante de la Presencia de Dios en medio del proceso de pérdida y del dolor. Lo único que no podemos hacer es, echarnos a morir en medio del proceso. El dolor de Job era increíble, perdió a sus diez hijos de forma inesperada y violenta, y el rasgó su manto, demostrando su dolor. Rasuró su cabeza, en señal de duelo, porque él era tan humano como tú y yo. Cuando Dios lo describió ante el adversario, Él no dijo que era un hombre de hierro, Él dijo, que era un hombre recto y temeroso de Él. Esto, no equivale a que no se va a pasar por procesos difíciles, sino que a pesar de ello, nuestro carácter se mantiene firme en la fe. Si has tomado la actitud, de no querer demostrar tus sentimientos delante de la Presencia de Dios, porque entiendes que no es necesario, es una actitud errónea y peligrosa, porque Dios desea que nosotras rasguemos nuestro corazón y permitamos que sea Él, quien nos consuele en medio de los momentos difíciles de la prueba. Solo Dios traerá todo lo que necesitas para ser sanada. No es malo sentir dolor, tristeza, frustración y hasta desconsuelo. Lo que no podemos permitir es, que esos sentimientos controlen nuestro entorno y nos sienten, o nos lleven a una cueva a escondernos, cuando la actitud que debemos tener es postrarnos delante de su Presencia para recibir Su sanidad.

❖ ***Postrándose en tierra, adoró:*** Entiendo muy bien, si en algún momento, a tu mente viene el pensamiento: "no logro adorar a Dios en medio de mi crisis o mi sufrimiento, porque no me nace". Nuestra carne débil y quebrantada, nunca busca postrarse ante la Presencia del Rey. Sino, que nuestra carne va a buscar, cómo mantenernos involucrados y sumergidos en el dolor, la autocompasión y el sufrimiento. El autor de la carta a los Hebreos 13:15, dice: *Así que, ofrezcamos siempre a Dios, por medio de él, sacrificio de alabanza, es decir, fruto de labios que confiesan su nombre.* Por tal razón, es necesario, entender que nuestra actitud determina, cómo he de terminar con este proceso y si va a terminar en algún momento. Job se levantó, estaba determinado a no dejarse llevar por lo que sentía, pero se postró, reconociendo que no hay otro camino que no sea el buscar a Dios. Mi humillación, mi quebrantamiento delante de la Presencia de Dios, me llevará a entrar en un ambiente de adoración extraordinario porque estamos sujetando nuestras emociones al Espíritu Santo y dejando que sea el mismo Espíritu Santo, quien nos guie por ese camino de restauración y sanidad. El final de los versos dice, que él no pecó ni culpó a Dios de lo sucedido. ¿Has cuestionado o culpado a Dios por tus malas experiencias? ¿Has hecho responsable a Dios por tu dolor? Job, tomó la actitud de adorador y se dejó llevar en el proceso de restauración, aceptando que Dios conoce todas las cosas. Aceptando, que todo lo que él tenía era porque Dios se lo había dado y por tal razón, el decidió aceptar cual era la Voluntad de Dios, aunque le doliera.

No hay nada más difícil, que el sentirse sola en medio de los procesos. Siempre se ha de tener una expectativa de algunas personas, para que estén con nosotras en los momentos más difíciles. Se busca a las personas más queridas e importante de nuestra vida, para que sean parte de nuestro proceso, que nos den palabras de aliento, nos abrazan sin juicio, nos apoyen y conforten. Pero, en ocasiones, Dios permite que estemos solas en medio de estos procesos. Sí, lo sé, es muy doloroso. Job, no está recuperándose de un proceso (la pérdida económica y de todos sus bienes), cuando el segundo proceso (la muerte de sus diez hijos) llega a su vida. Esto es una crisis en proporciones extremas y poder ver a Dios puede ser muy difícil.

El capítulo 2 de Job, presenta el escenario nuevamente de Satanás, delante de la Presencia de Dios. Antes de continuar, para mí es importante que nosotras entendamos, que Dios permite experiencias y procesos en nuestra vida con algún tipo de propósito. Satanás, tiene que obedecer a Dios en todo y él no puede hacer nada, sin que Dios se lo permita. No tan solo eso, también que él siempre, tendrá límites para lo que él quiera hacer. Su sujeción es tanto a Dios, que la misma Biblia lo evidencia. En el verso 2, Dios le cuestiona a Satanás, de dónde viene y él inmediatamente, le responde. ¿Crees que Dios no sabía de dónde venía satanás? Claro que sí, pero aun así, Dios se presenta como el único y autor de todos. Satanás, también se tiene que sujetar a Dios. Si estás pasando por un proceso difícil, quiero que sepas que Dios sabe que puedes soportarlo y superarlo. En 1 Corintios 10:13, dice: *No os ha sobrevenido ninguna tentación que no sea común a los hombres; y fiel es Dios, que no permitirá que vosotros seáis tentados más allá de lo que podéis soportar, sino que con la tentación proveerá también la vía de escape a fin de que podáis resistirla.* Dios tiene control de todo y Él sabe, hasta donde puedes llegar. Levántate, camina, no te detengas, tú puedes recobrar fuerzas en Dios, en medio de tu proceso.

El tercer proceso que enfrentó Job, fue en su cuerpo. El verso 7, dice: *Satanás salió de la presencia del Señor, e hirió a Job con llagas malignas desde la planta del pie hasta la coronilla.* Luto, crisis económica y ahora enfermedad. Tres procesos críticos para un ser humano. El deseo de cualquier persona, es tener a alguien que te apoye y te diga: "no te preocupes, todo va a estar bien". En el caso de Job, no fue así. El verso nueve, dice: *Entonces su mujer le dijo: ¿Aún conservas tu integridad? Maldice a Dios y muérete.* Job en ese momento, no necesitaba que la persona, que prometió estar con él hasta que la muerte los separará, demostrara esa actitud tan cruel hacia él. ¿Cuál ha sido tu actitud en medio del abandonó? Puede ser, que estés casada y te sientas sola en medio del proceso. Puede ser que necesites que tus padres te apoyen en medio de un proceso y no estén presentes. Tu actitud, determina cuál va a ser el resultado de ese proceso que estás pasando. Job, emocionalmente, estaba mal y para completar, la mujer que iba a estar con él *en las buenas y en las malas,* lo abandona. Pero Job, le responde al abandono de su esposa, de la siguiente forma: *Pero él le dijo: Como habla cualquier mujer necia, has hablado. ¿Aceptaremos el bien de Dios y no aceptaremos el mal? En todo esto Job no pecó con sus labios* (verso 10).

En ocasiones, cuando nos desenfocamos en medio del proceso porque decidimos sentarnos y no levantarnos, nos alejamos de la Presencia de Dios, entendiendo que el proceso por el cual nos pasa es injusto. Pero, al pensar de esta forma, nos convertimos en mujeres necias y hablamos neciamente. Nuestra actitud necia, nos lleva a forcejar con la Voluntad de Dios y buscamos encajonar a Dios en nuestra voluntad, sin tener éxito, porque al final, siempre perdemos ante Su Perfecta Voluntad. Job, le contesto con una actitud de aceptación, a lo que es la Perfecta Voluntad de Dios aunque en el momento no lo entendiera, aunque por dentro estaba quebrantado por completo, pero él decidió aceptar el proceso. ¿Cuánto tiempo llevas en el mismo proceso? ¿Cuánto tiempo llevas diciéndole a Dios, qué injusto es el proceso que estás pasando? Salmo 7:10-11, dice: *Mi escudo está en Dios, que salva a los rectos de corazón. Dios es juez justo, y un Dios que se indigna cada día contra el impío.*

Dios, es un Dios Justo, la Biblia así lo dice pero, en muchas ocasiones, lo consideramos injusto, por los procesos por el cual nosotras pasamos. Pero jamás hemos pensado en la injusticia, cuando decidió entregar a su Único Hijo, por nosotras. Por ese sacrificio tan grande, es que hoy estamos de pie. Jesús, fue entregado en una cruz por nuestro pecado, dándonos acceso al Padre. Dios sabe, qué es lo que nos conviene y qué no. Aunque los procesos estén difíciles, recuerda que Su plan perfecto, se cumplirá. ¿Te han dejado sola en el proceso? No te preocupes, que al que necesitas en realidad, ya está contigo hasta el fin y ese es, Jesús.

Es muy chocante, experimentar la soledad como Job lo estaba experimentando. En el caso de Job, le llegó el escenario, donde, de estar solo, de momento, llegan sus tres amigos. La Biblia dice, que sus amigos lloraron con él y que rasgaron sus vestidos, en señal de ellos estar acompañándolo en su dolor. *Los cuales, alzando los ojos desde lejos, no lo conocieron, y lloraron a gritos; y cada uno de ellos rasgó su manto, y los tres esparcieron polvo sobre sus cabezas hacia el cielo. Así se sentaron con él en tierra por siete días y siete noches, y ninguno le hablaba palabra, porque veían que su dolor era muy grande* (Job 2:12-13). Al principio de su llegada, estaba todo bien, me imagino a Job, sintiendo un poco de alivio porque tenía algún tipo de apoyo. A pesar de no decir nada, pero estaban presente. Pero, todo cambió, cuando ellos abrieron su boca. Es bien importante, el nosotras no compartir nuestros procesos con todo el mundo, porque a lo mejor mientras ellas estén calladas todo estará bien. Pero, en el momento de ellas abrir sus bocas, no son mujeres sabias, no son mujeres prudentes y lo menos que ellas hacen es orar a Dios a tu favor.

Los próximos capítulos de Job, presentan cómo sus amigos, comenzaron a insinuar que él estaba en pecado y la razón de todos los males que sufría. Creo que era mejor que se quedaran callados, ya que esta acusación, fue otro golpe para Job. El hombre intachable a los ojos de Jehová, estaba siendo tratado como un pecador de lo peor. Para Job, los procesos de dolor, no terminaban. Esto también surge en nuestro caminar, donde un proceso llega tras otro, y preguntamos: ¿Dios mío, hasta cuándo? Acompáñame, al baúl de mis memorias.

El baúl de mis memorias: Mis procesos no terminaban

Ejercer por ocho años como Pastor Asistente, fue un proceso de enseñanza, donde hubo mucha risa pero también, muchas lágrimas. Tenía tanto que aprender y Dios me bendijo con excelentes pastores y hermanos de la fe, que me daban todo el apoyo necesario. Sin embargo, mientras más Dios me llevaba por diferentes experiencias, más difícil se ponía el camino. En el año 2008, nace un sueño en mi corazón directamente del cielo. Era el deseo de trabajar con las mujeres y sus traumas. Fui a un congreso de mujeres por primera vez y, ¡me encantó! Recuerdo, que me senté con mi pastor y le presenté la logística de un campamento que quería hacer para mujeres. Pero, mientras él me explicaba todo lo que conllevaba hacer este evento, mi corazón quería salir de mi pecho, porque comencé a asustarme. Fue tanto el susto, que dejé el proyecto donde lo había comenzado, plasmado en unas páginas de mi libreta. El tema del campamento iba ser, Mujer, no dejes tu lugar.

Tenía tantos deseos de hacerlo, pero no me atrevía. Pasaron las semanas y el sueño golpeaba en mi corazón fuertemente. Decidí, inscribir el nombre como un ministerio. Pensé, en todo lo que me había mencionado el pastor y nuevamente, el sueño se quedaba plasmado en unas páginas, ni tan siquiera, había inscrito el ministerio como pensaba hacerlo. Hasta que una noche, cuando llego a la iglesia, un hermano y amigo de muchos años, me llama aparte. Tenía un sobre en sus manos, inmediatamente, me lo entrega y me dice: "Ahora no tienes excusa". Cuando abro el sobre manila, estaba un documento del Departamento del Estado de Puerto Rico, donde decía que la Organización sin fines de lucro, Mujer, no dejes tu lugar, Corp., estaba oficialmente inscrito. Por poco muero, porque fue un hombre el que inscribió mi ministerio y ahí comenzó todo. Ese mismo año, se coordinó el primer congreso de mujeres, bajo el tema del ministerio.

Sin embargo, cada año se hacía más difícil la situación en mi hogar. Mi matrimonio estaba en alerta roja, bajo una crisis total. La adolescencia de mis hijos, fue muy dificultosa y en medio de la crisis, decidí enviar a mis niños a vivir en Estados Unidos con mi mamá. Los procesos no terminaban, desde la economía, el matrimonio, los hijos. Procesos que yo misma provoqué, por las malas decisiones que había tomado y también procesos que Dios estaba permitiendo en mi vida, para mi crecimiento. Pareciera que aunque oraba, mis oraciones no llegaban a Dios. Le decía al Señor: ¿Hasta cuándo?

Hubo una ocasión, cuando escuché a alguien decir que es necesario pasar por unas situaciones, para poder entonces, ser de bendición en el camino a otro. ¿Cómo se ha de testificar que Dios sana, si nunca has estado enfermo? ¿Cómo se ha de testificar que Dios suple, si no hemos pasado por necesidad? Un día, mientras estaba en el altar, había una mujer ministrando aquella noche y recuerdo, que ella me puso las manos y comenzó Dios a decirme: "aconsejarás a mujeres en depresión, aconsejarás a mujeres con problemas con sus hijos, aconsejarás a mujeres con problemas matrimoniales". Dios, seguía hablando de cómo, yo iba a ser de apoyo a éstas mujeres, que ni sabía quiénes eran. Probablemente, nunca las conoceré en persona, pero sí sé, que a través de este libro, un grano de esperanza, podré sembrar. Lloraba, porque no entendía nada. Mis procesos no paraban, las batallas espirituales eran horribles y Dios me estaba hablando de algo, que en mi mente humana, jamás pensaría que llegaría a suceder. Pero, llegó la crisis tan grande en mi matrimonio, que culminó en nuestra separación y por mi parte, yo estaba decidida; "me voy a divorciar".

Yo estaba enfocada en Dios, quería dedicarme a lo que Dios me hablaba. Quería predicar, estar para esas mujeres que tanto me iban a necesitar, como Dios había dicho esa noche. No quería pensar en mis problemas en el hogar, ni mi crisis matrimonial. Tenía mi alma tan confusa y desesperada, que me aferraba solamente, a lo que Dios me había hablado y nada más. Un proceso de separación matrimonial para los adultos, en ocasiones, es un alivio de tanto problema, pero, cuando hay hijos, esta separación puede ser desastrosa. Mi niño sufrió mucho, pero aun así, yo estaba decidida en hacer la Voluntad de Dios, según mi pensamiento.

Un fin de semana, estaba en una convención de pastores, en la ciudad de la Florida y recuerdo, que comenzó el servicio y el ambiente de adoración estaba hermoso. De momento, el Espíritu Santo me habló, y me dijo: "es tiempo que vuelvas con tu esposo". Comencé a llorar y dentro de mí, dije: "no quiero".

Yo me había acomodado, estaba decidida a no regresar hacia atrás, otra vez. Según mis planes, eso era lo que iba hacer, divorciarme y seguir trabajando en la obra de Dios. Llegué a Puerto Rico y estaba decidida en continuar con el proceso de divorcio. De momento, mis hijos tenían que regresar de la Florida a Puerto Rico. Dios, comenzaba a mover sus fichas y yo sabía, lo que estaba pasando. Aun así, lo ignoré.

Existen procesos que Dios permite que lleguen, aun cuando nosotras intentamos ignorarlas y luchamos para que no sucedan. ¿Quién podrá en contra de lo que Dios ya estableció? Nuestra actitud determina, cómo ha de terminar el proceso donde nos encontramos. Un domingo, mi hijo mayor me acompaña a la iglesia. El servicio estuvo hermoso. Cuando llegamos a la casa, él se sentó a mi lado, y me dijo: *"tengo que hablar contigo".* Comenzó a explicarme, que tuvo una visión en la iglesia, mientras estaba sentado. Cuando él me dijo eso, por poco me da algo, porque mi hijo estaba apartado de las cosas de Dios. Me explicó, que vio como mi esposo y yo volvíamos, y que todo iba a estar bien. Luego me dice, "te aconsejo que obedezcas, porque tú sabes, que si no obedecemos a Dios, las cosas no te van bien". Mi hijo me estaba hablando con mucha sabiduría, pero aun así, me resistía a escuchar. Dios, continúo trabajando conmigo, hasta que llegamos a unirnos nuevamente. Estábamos juntos y ambos estábamos dispuestos a continuar con nuestro matrimonio, obedeciendo a Dios. Llegó ese momento de poder respirar un poco; y pensé: "ya el proceso se había culminado". ¿Sabes? No duró mucho nuestra reconciliación, porque la crisis, comenzó nuevamente. Ahora, el proceso de dificultad y crisis estaba más fuerte, pero Dios, me dio instrucciones de no hacer nada, y quedarme quieta.

Me imagino un Job, quieto, escuchando todas las acusaciones, sintiendo el dolor en su cuerpo por la enfermedad, sintiendo la soledad, porque nuevamente, se queda solo, en medio de su proceso de dolor y de pérdida. Me imagino su mente, bombardeado de pensamientos negativos: "¿Por qué Dios? Tú, me conoces a la perfección. Tú veías cómo andaba en rectitud. Hacia todo a la perfección. Mis sacrificios estaban todos los días como tú lo exiges. Entonces, Dios, ¿por qué?" Nuestra mente, es un campo de batallas cuando estamos en medio del proceso de la prueba, pero hay unas palabras que le decimos al Señor, que son muy ciertas: "Tú me conoces." Cuando estuve analizando esta parte del libro, y aunque es mi testimonio, también soy ministrada de parte del Señor. El Señor me confrontó y me dijo: *"¿Tú, me conoces?"* He ahí, el proceso de todos. Claro que Dios nos conoce a la perfección, pero si no hay procesos, jamás conoceremos quien es Él. La actitud que tomemos en un proceso, puede dar diferentes resultados. Lo primero es, que podemos endurecer nuestro corazón hacia Dios y buscamos ser tan autosuficientes, que no buscamos a Dios en ninguna de nuestras circunstancias, llegando a creer que somos fuertes para resolverlo todo, solas. Pero, de igual manera, podemos escoger conocer a Dios de cerca y dejar de ser autosuficiente. No importa cuál sea la decisión que tomes, siempre habrá una consecuencia favorable o no favorable para ti.

Dios, conocía a Job a la perfección, Él mismo, fue quien presentó su resume a Satanás. Por otro lado, Job pensó, que él conocía a Dios, porque él cumplía religiosamente, lo que exigía Jehová para estar bien delante de Su Presencia. Pero, Dios no nos llama a hacer las cosas, porque me lo dijeron o porque lo leí. Dios, quiere que lo que hagamos sea, porque hemos establecido una relación con Él, porque nos nace en hacerlo por amor a Él. La mayoría de las veces, pensamos o asumimos el conocer a Dios, porque vemos Sus bendiciones como resultado de nuestra relación con Él. Vemos las bendiciones materiales, sentimos Su Presencia cuando oramos y/o cantamos y podemos ver Su respaldo cuando, predicamos o enseñamos. Esas experiencias maravillosas, no significan, que conocemos a Dios a la plenitud que Él desea que le conozcamos. Job, a pesar de experimentar todas las bendiciones materiales en la tierra por serle fiel a Dios, él no conocía a su Creador. Tenía una experiencia superficial con Dios. Dios conocía a Job a la perfección, pero todavía le falta a Job, conocer a Jehová.

Después de su proceso tan difícil, Job tuvo que reconocer, que él conocía a Dios superficialmente. Sus palabras fueron: *Respondió Job a Jehová, y dijo: Yo conozco que todo lo puedes, y que no hay pensamiento que se esconda de ti. ¿Quién es el que oscurece el consejo sin entendimiento? Por tanto, yo hablaba lo que no entendía; cosas demasiado maravillosas para mí, que yo no comprendía. Oye te ruego, y hablaré; te preguntaré, y tú me enseñarás. De oídas te había oído; más ahora mis ojos te ven. Por tanto me aborrezco, y me arrepiento en polvo y ceniza* (Job 42:1-6). Job, culmina aceptando la Voluntad de Dios, como había hecho al principio. Llegaron momentos de desánimo. Llegaron momentos de duda. Pero, sus palabras fueron de aceptación hacia el proceso de Dios y reconociendo que no era suficiente, lo que estaba haciendo. No era suficiente, todo los holocaustos y los sacrificios que a diario hacía. No era suficiente, la entrega de él hacia Dios, porque aun haciendo todo lo que hacía, conocía a Dios superficialmente.

Igual que Job, probablemente, yo me desgastaba para Dios. Mi agenda estaba llena de actividades de la iglesia, de cosas que hacía y de todo lo que entendía agradaba a Dios. Estaba segura, que estaba en el camino correcto, pero Dios intervino en mi caminar, para dejarme saber, que todo lo que había hecho hasta ese momento, no era suficiente. Era necesario, que yo madurara en cada área de mi vida. Dios, me libró de mayores errores y me trajo con lazos de amor a Su lugar de sanidad y restauración. Sí, mi matrimonio no sobrevivió la prueba, pero mi alma fue transformada y restablecida. Fue doloroso, pero hasta aquí, me ha ayudado Dios. En el proceso crecí, maduré y sobretodo, conocí a Dios como nunca antes.

Dios te conoce a la perfección, pero, ¿conoces tú a Dios?

8

Rendirme no era opción

Cada proceso que vivimos y experimentamos, tiene una enseñanza y un propósito eterno para nosotras. Algunos, son muy impactantes, mientras que otros, son menos. Pero, lo más importante es, aprender y atesorar en nuestro corazón lo que Dios desea enseñarnos, a través de cada uno de ellos.

Deseo en este capítulo, hablar sobre Pedro, quien fue uno de los doce discípulos que estuvo con Jesús, en sus tres años y medio de ministerio aquí en la Tierra. Pedro, estuvo presente en cada milagro de sanidad, en cada liberación, en la alimentación milagrosa del pueblo, presenció muertos ser resucitados y la demostración de perdón a los que llegaban a los pies de Jesús; palpó de cerca los milagros que hizo Jesús en la tierra. Jesús, ya tenía un plan de preparación para Pedro y los demás discípulos, y que la misma iba a realizarse en los tres años y medio, que estaría con ellos. Era importante, que ellos estuvieran listos a seguir el ministerio de Jesús, cuando el plan ya establecido en el cielo, se llevará a cabo. Aun así, creo que Pedro nunca se imaginó, que el proceso que pasó junto al Maestro, en esos tres años y medio, no era, nada comparado con lo que iba a experimentar en el futuro, después de la muerte de Jesús. Por eso, es importante que entendamos, cómo los procesos que experimentamos, extraen el mejor aroma de gloria en nuestra vida.

Si analizamos la historia de Pedro, podemos decir que él estaba muy enfocado pensando, que estando al lado de Jesús, él estaba muy seguro que la decisión tomada de dejarlo todo y seguir al Maestro, era lo mejor. Acompáñame, al Evangelio de Lucas 22:31-34: *Dijo también el Señor: Simón, Simón, he aquí Satanás os ha pedido para zarandearos como a trigo; <u>pero yo he rogado por ti , que tu fe no falte; y tú, una vez vuelto, confirma a tus hermanos</u>. Él le dijo: Señor, dispuesto estoy a ir contigo no solo a la cárcel, sino también a la muerte. Y él le dijo: Pedro, te digo que el gallo no cantará hoy antes que tu niegues tres veces que me conoces* (énfasis del autor). Esta conversación entre Pedro y Jesús, está muy interesante. Jesús está advirtiéndole a Pedro, que se cuide, porque Satanás está buscando zarandearlo como al trigo.

La respuesta de Pedro nos deja ver, que no entendió la magnitud de lo que estaba por suceder con su vida. ¿Qué es zarandear? La definición de esta palabra es la siguiente: *"mover una persona o cosa de un lado para otro, agitar"*. Jesús, está diciéndole a Pedro: "tienes que tener cuidado, porque Satanás está buscando cómo sacudirte de tal forma, que quiere desenfocarte de tu fe".

El proceso que pasa el trigo para ser limpiado después de la cosecha es, cuando se separa el trigo de la paja. En este proceso, se coloca el grano encima de una zaranda (colador) y luego se sacude fuertemente. En medio de este sacudimiento de un lado hacia el otro, la paja cae dentro del colador y el grano de trigo queda limpio. Es un proceso, donde se usa la fuerza para sacar del trigo toda impureza y aquello que no sirve y dejar expuesto el grano limpio. En el momento que nuestro enemigo busca la forma de alejarnos de nuestra fe, él se va asegurar que el escenario que ocurra en nuestra vida, nos sacuda a tal nivel, que caigamos al piso y por causa de los golpes recibidos, no nos podamos levantar.

A pesar de la advertencia de Jesús, Pedro estaba bien confiado en que él se iba a mantener firme, no importando cual fuese el acontecimiento. Él, estaba dispuesto a ir a la cárcel, por causa del Maestro y también, según sus palabras, estaba dispuesto hasta morir por Jesús. Cuando Dios te permite un crecimiento espiritual constante y comienzas a subir escalones en el área eclesial, existe una línea muy finita donde puedes llegar a pensar que eres autosuficiente, que nada tendrá la suficiente fuerza de tumbarte de donde te encuentras, y que todo estará "bien". Confundimos nuestras responsabilidades en la iglesia y en el ministerio, como si eso me fuera a ayudar y a proteger del proceso de crecimiento que Dios ya tiene planificado para nuestra vida y para cuando llegue el día del sacudimiento. Tontamente, pensamos que somos suficientemente capaces de soportar la prueba en nuestras propias fuerzas y nos convertimos en necios. Ven, acompáñame al baúl de mis memorias.

El baúl de mis memorias: No era momento de rendirme

En el momento de Dios darme orden en estar quieta; decidí obedecer y esperar en Él. En el año 2012, mi divorcio se llevó acabo. *Antes de continuar, quiero aclarar que mi experiencia no tiene nada que ver con la experiencia de cada mujer. No se debe utilizar las experiencias de otras personas, para tomar una decisión personal de gran importancia y con repercusiones grandes para nosotros y los que nos rodean. Cada caso es diferente y debe tratarse de forma individual. Es responsabilidad de cada cual, orar y buscar la dirección del*

Señor, antes de tomar cualquier decisión mientras estamos en medio de la prueba.

Luego, del proceso de divorcio, me enfoqué por completo en mis responsabilidades en la iglesia. Estudiaba mi Doctorado en Ministerio para ese año, y estaba en el proceso de escribir mi tesis doctoral. Mi corazón, se apasionaba cada día más por el llamado pastoral y de mi ministerio, para ser de apoyo a la mujer. Diligentemente, trabajaba con todo lo que se me ponía en mis manos. Terminé mi Doctorado en Ministerio y de igual forma, me dieron la oportunidad de ser Decana de Estudiantes en la Universidad Teológica de Puerto Rico.

En el año 2012, el tema del congreso anual que daba bajo el Ministerio Mujer No Dejes Tu Lugar, era "Mujeres Marcadas Por Dios" y estuvo glorioso. Dios, bajó un pedazo de cielo en ese lugar, para que cada una de nosotras nos fuésemos fortalecidas en Él. En toda actividad que coordino, tengo una sola petición delante del Señor, y la misma es: "No importa la cantidad de mujeres que lleguen, pero que salgan con los ojos hinchados de tanto llorar, despeinadas pero sanas; bueno en pocas palabras, sacudidas por el Espíritu Santo." Lo digo para la honra y gloria de Él, que así ha sucedido. Ninguna mujer, que participa en las actividades que Dios me permite trabajar y coordinar, sale como entró al lugar, sino que nuestro Amado, se encarga de que cada una, salga diferente a como entraron; llenas de esperanza y cubiertas por Su amor. En el año 2012, Dios cerró el congreso de ese año, con broche de oro.

Estaba tan segura de estar encaminada y enfocada en las cosas de la iglesia, el ministerio y todo lo relacionado al servicio de Dios, que anhelaba más de lo que estaba haciendo en el área ministerial. Engañosamente pensaba, que entre más ocupada me mantuviera haciendo "cosas" para Dios, no tenía que lidiar con el dolor que había en mi alma. No le había permitido a Dios, sanar mi proceso de divorcio y las heridas que había retomado durante ese proceso.

Comencé el 2013, trabajando en una nueva Tesis Doctoral. Había comenzado a estudiar nuevamente, y en esta ocasión, el Doctorado era en Consejería Cristiana. Procuraba trabajar, trabajar y trabajar, porque para mí entendimiento, mientras más trabajaba en la obra, eso significaba, que estaba encaminada correctamente en lo que Dios tenía para mí. A pesar de las altas y bajas emocionales que sufría, continuaba trabajando en la iglesia, en la universidad y en todo lo que me ponían a hacer, porque eso me mantenía enfocada en lo que quería, y eso, lamentablemente en mi pensar, era agradar a Dios a través de mi servicio.

Al principio, cuando Dios me dijo que hablara de Pedro, pensé: "¿por qué Pedro, Señor?" Pero, voy entendiendo que todo está fluyendo como desea el Señor en este libro. El año 2013, para mí, fue uno trascendental en mi vida. Lo que estaba por experimentar y vivir, tomaría un rumbo que jamás hubiera imaginado pasaría. Según mi autosuficiencia, según a mis salidas a predicar, según a los estudios que estaba haciendo, según a mi posición como Pastor Asistente, yo estaba bien, y no tenía que preocuparme por nada en mi área almática. Estaba segura, que era de hierro y que nadie iba a poder conmigo, porque equivocadamente pensaba, que con todo lo que ya yo había experimentado y pasado en mi vida hasta ese momento, nada me podía detener. Mi pensamiento era: *"Estoy enfocada en lo que Dios tiene para mí. No hay situación que no pueda enfrentar y vencer."* Pero este pensamiento, estaba en la confianza de mis propias fuerzas y de mi conocimiento adquirido; no, porque estaba confiando en que Dios me guardaba y cuidaba cada día de mí. Pero de la misma forma, que Pedro recibió la advertencia del Maestro, para que estuviera apercibido y no se dejara llevar por el temor y las presiones ajenas, yo recibí la advertencia de tener mucho cuidado con mis decisiones, porque el enemigo estaba zarandeándome y quería verme en el suelo, derrotada, avergonzada, y sin fuerzas para volverme a levantar.

Mi madre espiritual, una mujer de oración e intercesión fuerte, me lo repetía en cada momento que dialogábamos. Yo, le respondía muy casualmente: "Sí, lo sé, no te preocupes. Estoy pendiente". Pero en realidad, no tomaba en cuenta ni con diligencia, estas advertencias que Dios me estaba dando. Los primeros meses del 2013, me encontraba muy ocupada entre mi preparación de tesis doctoral, mi responsabilidad de Decana de Estudiantes y mis funciones de Pastor Asistente de mi iglesia. Haciendo todo esto, para mí era diciéndole a Dios: "yo te amo, no te voy a defraudar, no me voy a rendir." Pero, me estaba enfocando totalmente en el ministerio y todas sus tareas relacionadas, y me estaba olvidando de Aquel que me había llamado para trabajar en la obra. Mi oración personal y mi relación con Dios, comenzó a menguar, mi devocional y mi tiempo de intimidad con Él quedó inexistente, todo estaba cayendo porque había descuidado esta área de mi vida y mi relación con Dios. Ya no estaba alerta a las advertencias ni estaba pendiente, a los posibles peligros que me rodeaban de cerca. Mi práctica de vigilas en oración y ruego, cesaron y no veía por dónde el enemigo podía atacar. Llegó el momento, donde olvidé aquellas palabras que me advertían; "cuidado, que el enemigo te está zarandeando". Él me estaba vigilando hace tiempo, buscando el momento adecuado para zarandearme a tal nivel, que no regresara a Dios, nuevamente. Quiso sacudirme a tal nivel, hasta destruirme y yo no me daba cuenta, de su estrategia demoníaca de destrucción.

Yo, que me sentía segura de mi misma, de mi potencial y mis propias fuerzas, seguía escalando peldaños de servicio y de tareas. "De gloria en gloria voy a estar", según mi criterio. La realidad es que la Biblia dice en 1 Corintios 10:12: *Así que, el que piensa estar firme, mire que no caiga*. Nuestra seguridad, siempre debe ser el estar cimentados en Dios, porque entre mayores cosas hagamos para Él, mayor necesidad de Él necesitaremos. Cuando trabajamos en la obra de Dios y aun en nuestro diario vivir, debemos estar conscientes que hay una guerra por nuestra alma, que tenemos un enemigo velando y buscando destruir nuestros esfuerzos y nuestro empeño de servirle a Dios con todo nuestro ser. Dice la Palabra en 2 Corintios 2:11: *para que no se aproveche Satanás de nosotros, porque no ignoramos sus maquinaciones*. Así que, todo lo que tenemos y lo que somos, es por Su gracia y nuestra responsabilidad es estar conscientes de tener una dependencia total de Dios y de Su sabiduría, escuchar con atención sus alertas y tomar las medidas necesarias, para no permitir que satanás tome ventaja en nuestra vida.

En mi desespero por mantenerme firme, no tomé en cuenta a Dios en mis esfuerzos. Pasado un año y medio de divorciada, yo no estaba interesada en conocer a nadie más de forma romántica. Tampoco, estaba interesada en buscar tener alguna relación amorosa, pero él llegó y yo le permití entrar a mi corazón y a mi vida. La realidad era, que mi corazón estaba sin sanar mi última experiencia amorosa y no tomé en cuenta el estado de sequedad de amor que sentía. Este hombre, llegó cuando yo menos lo esperaba y no solo me tomó por sorpresa, sino que lo recibí con los brazos abiertos. Comenzamos a conocernos, y a pesar de yo saber que él no era el hombre indicado para mí, tomé la mala decisión de seguir con la relación, clandestinamente. Al principio de sus acercamientos, yo estuve muy reacia a la relación, porque no quería conocer ni estar con nadie. Pero llegó el momento, donde engañosamente pensé: "solo estamos hablando, no me va ser nada mal el conocer a alguien."

No me daba cuenta, que aun haciendo tantas cosas para Dios, mi corazón se sentía solo y deseaba calladamente, ser amada verdaderamente, por un hombre. Todas las relaciones anteriores y mis experiencias amorosas habían sido, por ponerlo claramente, desastrosas, y mi corazón quería experimentar ser amada correctamente, por primera vez. La realidad es que, debí mantenerme en la postura que tenía desde el principio, y no tener ningún tipo de conversación con este hombre. Conocía desde el principio, sus intenciones y los ignoré por completo, porque me sentía alagada y me agradaba ver que alguien se interesaba en mí. Tuve con este hombre, una relación de fornicación y con esta relación, detuve en un momento, lo que Dios me había dado en diez años.

Pero doy gracias a Dios, por haber sacado mi pecado a la luz, porque a lo mejor hubiese seguido pecando, mientras estuve ministrando en el altar. Con la gracia y la misericordia del Señor no se juega. Es una línea muy finita la que cruzamos, cuando pensamos estar confiadas de que Dios me perdona si pido perdón y seguimos pecando. Nos convertimos en infieles al sacrificio de Jesús y nos convertimos en falsos servidores del Altísimo. Pero, las palabras de Jesús a aquella mujer, que estaban por apedrearla cuando la encontraron en el mismo acto de adulterio, resuena en mi cabeza fuertemente. Jesús, fue sumamente amoroso en Su perdón hacia ella y muy firme en Sus palabras cuando le dijo: "vete y no peques más" (Juan 8:11). No es simplemente, pedir perdón por nuestro pecado, sino que es necesario alejarnos del pecado para poder seguir con el proceso de restauración. No seremos realmente sanos, si continuamos con costumbres y prácticas de pecado y no tomamos seriamente, la condición de liberación y sanidad que necesitamos de parte de Dios, para serle fiel y útil a Él. Yo estaba como el Apóstol Pablo, de camino a Damasco en mi caballo y choqué con el celo del Señor en el caminar y caí al suelo. No me costó de otra, que rendirme ante Él y pedirle que sanara lo que faltaba en mí, que restaurara mi alma a Su amor y a Su perdón, que fuera Él quien me levantara y me trajera nuevamente, a Su regazo de gracia. Decidí, entregar todos mis cargos ministeriales, y la iglesia fue notificada del porqué de mi decisión; estaba embarazada. En ese momento, hubo un giro en mi vida y no sabía lo que me esperaba. Fui empujada con violencia para ser destruida, pero aun así, Dios estuvo presente, protegiéndome.

Yo me imagino a Pedro, diciéndole al Maestro con toda seguridad: "no te preocupes que estoy preparado para lo que surja. Estoy aquí contigo, Maestro." Y Jesús le dice: "me vas a fallar". Jesús sabía, que le iba a fallar y aun así le dijo a Pedro: "pero cuando suceda, yo estoy rogando por ti, para que tu fe no mengue." Jesús, le está diciendo: "no importa, sé que me vas a fallar, pero en medio de este proceso, no sueltes tu fe en mí. No te olvides de mí. Porque yo estoy dispuesto a restaurar tu vida." Todavía, tú también, tienes oportunidad de experimentar la promesa venidera. Cuando leemos el escenario de la negación de Pedro en los Evangelios, el relato que más me impresionó, fue como lo redacta Lucas. Acompáñame al capítulo 22:56-62:

> *"Pero una criada, al verle sentado en el fuego, se fijó en él, y dijo: También éste estaba con él. Pero él lo negó, diciendo: Mujer no lo conozco. Un poco después, viéndole otro, dijo: Tú también eres de ellos. Y Pedro dijo: Hombre, no lo soy. Como una hora después, otro afirmaba, diciendo: Verdaderamente, también éste estaba con él, porque es galileo. Y Pedro dijo: Hombre, no lo sé lo que dices. Y enseguida, mientras él todavía hablaba, el gallo cantó. Entonces, vuelto el Señor, miró a Pedro; y Pedro se acordó de la palabra del Señor, que le había dicho: Antes que el*

gallo cante, me negarás tres veces. Y Pedro, saliendo fuera, lloró amargamente."

Cuando hemos caminado con Jesús, ya tenemos un sello y las personas van a ver algo diferente en ti. Aunque queramos, no podemos escondernos, porque la misma imagen de Dios nos delata. En ocasiones, pensamos que nunca le vamos a fallar al Señor. Me imagino a un Pedro, confiado en que él estaba cumpliendo con el Señor, por estar en aquel lugar donde Jesús estaba siendo enjuiciado, aunque fuera desde lejos. Pero, la realidad es, que no es suficiente solo estar presente. En este camino con Dios, tenemos que entregarnos por completo a Sus procesos de sanidad y permitir, que Jesús transforme todo nuestro ser. Jesús busca mujeres, que están completamente afirmadas sobre la Roca, quien es Él. Dios no puede cumplir Su propósito en ti, si estas mirando desde lejos. No somos autosuficientes, no somos las más fuertes, tratando cada vez demostrar que no necesitamos de nadie, incluyendo a Dios, para lograr lo que proponemos; y nos vamos alejando del mismo propósito por el cual pensamos estamos trabajando. Somos seres humanos, que necesitamos la intervención de Dios en nuestra vida a toda hora, a cada segundo y a cada instante de nuestra vida.

Los momentos cuando Pedro negó a Jesús, contienen una enseñanza poderosa para nosotras, porque mientras buscamos caminar y pelear con nuestras propias fuerzas, mientras queremos vivir basándonos en el conocimiento que poseemos, sin accionar de acuerdo a lo que sabemos, nos puede suceder lo que le sucedió a Pedro. Pedro negó a Jesús por primera vez, sin recordar las palabras que Jesús le había advertido. Fue de inmediato, sin pensarlo mucho, Pedro contestó que no conocía a Jesús. En muchas ocasiones, negamos a Jesús con nuestras actitudes, con nuestra indiferencia, con simplezas del diario vivir. Al no ver en nosotras, ningún tipo de consecuencia inmediata, olvidamos que ya había una advertencia. Pedro, negó a Jesús por segunda vez, y tampoco, se acordó de Sus palabras. Para Pedro, su vida estaba en peligro y el miedo se apoderó de su corazón, no dejándole ver, que Jesús mismo le dijo, que Él estaba rogando a favor de él. Pedro no entendió, que no estaba solo, que aunque lo reconocieran como discípulo de Jesús, su vida estaba a salvo, porque el propósito y diseño de Dios para Pedro, de ser pescador de hombres, todavía no se había cumplido. Pero, cuando está por culminar su negación por tercera vez, lo que me llamó la atención fue, cuando Lucas relata que el Señor Jesús, lo miró.

Nuestra realidad de hijas de Dios, es que aun en medio de nuestras crisis y los problemas que estamos enfrentando, que nos traen incertidumbre, temor y desesperación, Dios nos mira, Él vela y está atento a nosotras. Dios no nos mira con tela de juicio y castigo, sino tratando de hacernos recordar en medio de la prueba: "que tu fe, no falte". Él sabe cuál es nuestra condición, y nos mira con amor y perdón. El es fiel en traer a nuestra memoria Su Palabra, para que cuando llegue el momento del sacudimiento, nos recordemos que ya había una advertencia y que no estamos solas. Pedro lloró amargamente; igual yo, lloré amargamente. Entendía, que ya lo había perdido todo y que esta vez, ya no había rescate para mí. Mi alma estaba muy dolida y maltratada, y no veía un porvenir feliz para mi vida. Al igual que Pedro lloró, porque pensó que había traicionado a Jesús y Su amor, yo también me vi así. Había vivido mis mejores momentos con Dios, por lo menos eso pensaba, y todo lo había echado a perder con mis decisiones incorrectas. Ya estaba en la mira y el juicio de todos, había perdido mi reputación, no tan solo como mujer, pero como ministro de Dios y de Su Palabra. La amargura de Pedro, no quedó solo en ese momento. Me imagino, que todo el proceso de tortura y muerte del Maestro; cada latigazo, cada castigo, cada golpe, torturaba a Pedro en su consciencia de culpabilidad. Lo torturó hasta Jesús llegar a la cruz del Calvario. De mi parte, yo comencé a consolarme con las palabras de este hombre que llegó a mi vida: *"No te dejaré sola"*; yo le creí sus palabras y no consideré nada más.

Todo había salido a la luz y ya tenía un mes de embarazo. A pesar de entregar todos mis cargos, continúe congregándome. Tenía la necesidad, de dar ejemplo de lo que había predicado en aquel altar, por ocho años como Pastor Asistente, *"si te caes, vuelve a levantarte"*. Me fue bien duro, pero me sentaba en los primeros asientos. Nunca me quedé en la parte de atrás de la iglesia. Pero llegó el momento, en que pensé, que estaríamos mejor en Estados Unidos, que había mejores oportunidades y que sería donde nos convertiríamos en familia; y tomé la decisión de mudarme para Estados Unidos. Estaba segura, que todos íbamos a estar bien y a las tres semanas, me fui primero con mi tercer hijo, a casa de mi mamá. Logré encontrar una iglesia, donde me sentía cómoda y desde que llegué al lugar, encontré a las personas más importantes, Padre, Hijo y Espíritu Santo. Dios trabajó conmigo en esta iglesia, sanando las heridas que había en mí. Mientras el transcurso pasaba, me di cuenta que había un propósito adicional y creo también, de mucha importancia, por la cual era necesario que yo llegara a Estados Unidos. Mi tía y mi madre, comenzaron a congregarse junto conmigo en aquel lugar. Dios en su infinita misericordia, comenzó en medio de mi desierto, a moverse en favor de mi familia. Poco a poco, comencé a ser de ayuda y apoyo a ellas también.

En el mes de diciembre del 2013, me dan la noticia: ¡ES UNA NIÑA! Esta noticia, me tomó por total sorpresa, porque pensaba que era un niño. Pero, me dio mucha alegría saber, que Dios me estaba bendiciendo con una niña. En el mes de marzo del 2014, nace mi niña después de catorce horas con dolores de parto. A pesar de mi cansancio, estaba emocionada, porque sabía que pronto íbamos a estar reunidos como familia, este hombre, mis hijos y yo. Sabía, que juntos íbamos a lograr muchas cosas para nuestros hijos. Él, se había movido a otro Estado de donde yo me encontraba y me decía que estaba buscando apartamento para nosotros y todo lo necesario, para yo moverme a donde él estaba. En la búsqueda de apartamentos, es cuando él me notifica, que todo estaba bien costoso y que no era posible el yo irme con él. Esto traía confusión y mucha incertidumbre. Cómo entonces, podríamos lograr estar juntos como familia, él en un Estado y yo en otro.

Estando en mi proceso y mi dilema de pareja, hubo un acontecimiento de peligro con una persona que estando en una crisis matrimonial, estaba dispuesta a cometer un crimen y que por la gracia de Dios, pude con palabras sabias y acertadas tomar control de la situación. Fue una llamada telefónica tarde en la noche, donde esta mujer estaba desesperada y dispuesta a todo. Con un arma de fuero en la mano, estaba dispuesta a terminar su situación de crisis de la forma menos adecuada. De yo no haber respondido la llamada, porque estaba dormida cuando la recibí, ni de en ese momento hubiera ocurrido una tragedia. Le pedí a Dios que me diera la sabiduría y cordura que necesitaba en ese momento para ayudar a esta mujer. Sin importar, mi situación de incertidumbre, Dios me puso en el momento preciso para llevar un mensaje de paz y de esperanza. Aunque estaba pasando unos momentos bien difíciles, no eran impedimento para dar la ayuda urgente en ese instante. Traigo esta experiencia, porque para mí es importante, que ustedes entiendan que el enemigo no está jugando. Él va a buscar cualquier escenario, para sacudirnos y destruirnos. Satanás, no desea que nosotras estemos en el campo de batalla firmes en nuestra fe. Si estás pasando cualquier situación de crisis y entiendes que no lo puedes manejar tu misma, por favor busca ayuda. No pienses que la crisis se va a ir y desaparecer. No pienses, equivocadamente, que la depresión se va a ir sola. Busca ayuda en personas responsables. Pastores, lideres, consejeros o ayuda profesional, pero no se quede callada, porque llega un momento, donde no podrás con la crisis tú sola y tomarás decisiones drásticas, que pueden ser muy lamentables.

A veces, no lo entendemos en el momento, pero existen momentos en nuestros procesos, donde piensas que Dios te lleva al desierto sin sentido ni propósito. Pero, esto no significa, que el proceso es tuyo solamente, sino que puede darse el caso, que otra persona esté pasando por un desierto mayor al tuyo y tú necesitas estar ahí, para ser de oasis, de apoyo y de rescate para ellos. Dios, manifiesta Su misericordia, a través de nosotras obedecer y permitir, que sea Él quien obre por nosotras. Ese fue mi caso, en el escenario anterior y de yo encontrarme en aquel lugar en ese tiempo. Yo pensaba, que estaba en aquel lugar por mi crisis, pero la realidad es, que había una crisis mayor y de repercusiones severas de Dios no intervenir en el asunto. Dios, me llevó allí durante ese tiempo, porque en Su Soberanía, sabía lo que estaba por suceder esa noche, y que Él me usaría para intervenir y traer Su misericordia.

Volviendo a mi crisis, yo estaba un poco nerviosa, porque los planes que inicialmente habíamos hecho este hombre y yo, no estaban saliendo como lo habíamos planificado. No encontrábamos un apartamento que pudiéramos pagar y yo no podía irme con él. A pesar de yo no querer regresar a Puerto Rico, llegó en medio de nuestra conversación entre el papá de mi niña y yo, de regresar. Decidí regresar, porque las razones que él me había dado para no poder estar juntos, las dificultades de apartamento y demás, para mí eran válidas. Así que, como me sentía confiada en sus palabras y teníamos un plan, finalmente, me regresé a Puerto Rico primero, para luego que él llegara. Lo que no sabía, era que Dios me estaba esperando, porque yo tengo *Un Llamado Inevitable* de parte de Él. Dios se había empeñado conmigo y no estaba dispuesto a soltarme. Su diseño y propósito para mi vida, eran eternos y no existe ninguna situación, crisis o circunstancia adversa, que pueda impedir que Dios cumpla Su propósito en mí y que la obra que comenzó en mi vida, la perfeccione.

Sin embargo, me esperaba una vida nueva y de prosperidad en Puerto Rico, sino que encontré solo procesos duros y dolorosos en la Isla del Encanto, que te contaré luego. Entre todo lo que yo estaba pasando, algo que sí tenía muy presente y era, que no podía rendirme en este momento. Para mí, mantenerme confiada en Sus Promesas y lo que Él había dicho de mí, mantenía viva mi esperanza. Si has fracasado o caído en el camino, amada, hoy te puedo testificar, que un fracaso no es el fin de tu llamado, sino que Dios utiliza todos nuestros procesos, para perfeccionarnos en Él y llevar a cabo en nosotras, lo que ya desde la Eternidad de Su poderío determinó.

9

Dios se ha empeñado

conmigo

Existen muchas formas de pensar sobre quién es Dios en
la vida del hombre. En la mayoría de las ocasiones, esta
mentalidad se basa en interpretaciones erróneas, falta de
conocimiento y falta de cercanía a Dios. Mientras he navegado
por el baúl de mis memorias, pude identificar una cosa y es que,
DIOS SE HA EMPEÑADO CONMIGO. Este capítulo, no tendrá
un nuevo protagonista sino que continúo y termino con Pedro.

El haber Pedro negado a Jesús, le costó muchas lágrimas
y mucho sufrimiento. No me quiero imaginar el dolor que sentía
Pedro en el momento que lo vio en aquella cruz. Un Jesús
crucificado, ensangrentado y pasando tanto dolor por amor a la
humanidad. Pero el proceso de Pedro no significaba el fin, porque
Dios tenía un plan trazado para él, y lo iba cumplir. Después de la
resurrección, Jesús va y se encuentra con varios de sus discípulos
preparándole una cena improvista para ellos, entre los cuales, se
encontraba Pedro. Es el Apóstol Juan, quien nos relata este
encuentro, en el capítulo 21:15-17:

"Cuando hubieron comido, Jesús dijo a Simón Pedro: Simón, hijo de Jonás, ¿me amas más que a estos? Le respondió: Si, Señor; tu sabes que te amo. Él le dijo: Apacienta mis corderos. Volvió a decirle la segunda vez: Simón, hijo de Jonás, ¿me amas? Pedro le respondió: Si, Señor; tu sabes que te amo. Le dijo: Pastorea mis ovejas. Le dijo la tercera vez: Simón, hijo de Jonás, ¿Me amas? Pedro se entristeció de que le dijese la tercera vez: ¿Me amas? Y le respondió: Señor tú lo sabes todo; tú sabes que te amo. Jesús le dijo: Apacienta mis ovejas."

Esta escena, del encuentro de Pedro con Jesús y su conversación muy íntima y personal, me toca mucho el corazón, porque Jesús, no le tomó en cuenta la falla de Pedro. Jesús, no se presentó con juicios ni reclamos, recordándole a Pedro su falta cometida. Por el contrario, Jesús, comienza demostrando Su misericordia, sentándose a la orilla de la playa y prepara un fuego, anticipando la llegada de los discípulos después de pescar. Esto es algo, que Dios hace en cada momento con nosotros, siempre y cuando abramos nuestro corazón en el momento de Él estar a la puerta y llamarnos; Él siempre mostrará Su misericordia hacia nosotras. Para Él, es importante que tengamos una relación de confianza, donde podamos hablarle con toda la sinceridad del mundo. *He aquí, yo estoy a la puerta y llamo; si alguno oye mi voz y abre la puerta, entraré a él, y cenaré con él, y el conmigo* (Apocalipsis 3:20).

Es evidente, que el propósito de Jesús no era tener una conversación con Pedro basada en señalamientos, sino que deseaba que Pedro entregara su carácter y su corazón, por completo en Sus manos. No se concentró en la falta de Pedro, sino en la condición de su corazón después del evento y le pregunta a Pedro, si lo amaba. Aunque se escucha como una pregunta sencilla, la misma contiene mucho significado. En ocasiones, Dios nos pregunta, "¿Me amas?" Y cuando recibimos esta confrontación de amor de parte de Dios, contestamos las cosas de la boca para fuera, sin en realidad responder bajo consciencia de lo que estamos diciendo. El Maestro, le preguntó en tres ocasiones a Pedro: "¿Me amas?" Dios lo sabe todo, no hay nada que Él no conozca. En el Salmo 139, el Rey David declara esta verdad, de la Omnipresencia de Dios sobre la tierra. Pero Dios, en su profundo amor por nosotros, desea que seamos nosotras mismas, las que digamos cómo nos sentimos, que tengamos reconocimiento de nuestra condición almática y demostremos nuestra adoración y entrega hacia Él.

Es muy probable, que el corazón de Pedro había desfallecido al ver el maltrato del Maestro, su muerte y luego haber perdido su cuerpo de la tumba. Aunque Jesús ya se había aparecido a ellos y les había asegurado de Su Eternidad, cabe la posibilidad, que todavía el corazón de Pedro, dudaba de su propia fidelidad a Dios y su compromiso al evangelio de Jesús. Pero a pesar de la negación de Pedro, había *Un Llamado Inevitable*, y Dios necesita reforzar la seguridad en Pedro de este llamado. Jesús, siempre tuvo la confianza de que el llamado de Pedro era real y lo vemos cuando, en el momento, que Jesús le hace la advertencia y le dijo claramente, "yo estaré orando por ti, para que en medio del sacudimiento, no falte tu fe". No importa, cuál sea el proceso que hayas pasado o que estés pasando, no significa que ha sido tu fin. Las consecuencias de nuestra debilidad están presentes, pero Dios está con nosotras para que nuestra fe no falte y Su promesa es, que restituirá nuestra vida al propósito que ya Él ha constituido para nosotras (1 Samuel 30:1) y que Él restaura todo lo perdido. Acompáñame al baúl de mis memorias.

Baúl de mis memorias: *Él habló y yo caminé*

Llegué a Puerto Rico y él padre de mi hija, se había comprometido a ayudarme desde donde él se encontraba, en Estados Unidos. Yo, con mucho entusiasmo, fui preparando todo para cuando él regresara conmigo. La casa donde estaba viviendo alquilada, tenía cuatro cuartos y era lo suficientemente espaciosa, para que todos viviéramos cómodos en ella. Mientras esperaba ansiosamente, que él me dijera el día de su llegada, comienza el distanciamiento de él hacia mí. De momento, comencé a darme cuenta que escuchaba menos de él. Le llamaba, y no respondía a mis llamadas. Solo en ocasiones, escuchaba de él por mensaje de texto, hasta llegar el momento, de no escuchar nada. En mi interior había una lucha, en si aceptar que él me había abandonado, o todavía mantenerme esperanzada en las palabras que me había dicho en algún momento: "No te dejaré sola".

Una noche, estoy en una página de las redes sociales, y ahí estaba él, en una foto con otra mujer. Este es el momento, donde mi vida se me derrumbó, nuevamente. Me pregunté a mí misma, ¿por qué? Estaba desesperada, sin trabajo, con una niña de cinco meses y mi niño de ocho años. Le rogaba, a través de llamadas telefónicas, que me dijera, qué estaba pasando, pero no recibía respuesta. Recuerdo, que caminaba hasta la escuela para dejar a mi niño, siempre con gafas de sol, para cubrir mi rostro, porque no paraba de llorar del sufrimiento tan grande que tenía. Entré en una depresión muy grande que llegó a tal nivel, que comencé a escuchar voces que me decían, que me quitara la vida, porque mis hijos estaban mejor sin mí. Deje de comer, no tenía nada de apetito y estaba padeciendo de insomnio, torturándome con mis pensamientos. Buscaba respuestas, ¿Qué hice mal? ¿Dónde fallé? ¿Por qué me abandonó? Buscaba dónde había yo fallado, y me torturaba recreando escenas en mi mente, buscando alivio y consuelo para mi interior destruido. Mi depresión empeoraba, pero aun así, Dios estaba al cuidado de mí, aunque en esos momentos, no lo veía de esa forma.

Comencé a asistir una iglesia cerca de donde estaba residiendo. Pero ni los cultos a los que asistía, me quitaban el dolor tan grande que sentía. Era un abismo donde estaba cayendo y no podía salir de él. A pesar de no tener nada de dinero, ni recursos para cubrir mis necesidades básicas, en medio de este proceso, Dios me estaba enseñando cómo depender de Él por completo. La comida no faltaba, porque llegaban hermanos a mi casa con bolsas de suministros. Era, como si estuviera en esa misma escena de Pedro, Jesús preguntándome: "¿me amas?" Mi respuesta hacia Él, era de desesperación y de súplica. Según mis actos, le estaba diciendo: "Señor, te amo, porque estoy hablando contigo". Pero la realidad era, que en mi depresión y angustia, no veía que estaba hablando sin conciencia de lo que decía. Dios estaba cuidando de mí, pero aun así me sumergía más y más en mi depresión, no sentía ningún alivio en medio de la provisión y del cuidado de Dios.

En una ocasión, la nena se enfermó y la tuve que llevar al pediatra. Mientras esperaba que el médico atendiera a mi hija, comienzo a hablar con una muchacha en la sala de espera. Ella, me dijo que asistía a una iglesia e intercambiamos números telefónicos, por si en algún momento, yo deseaba visitarla, que la llamara. Un sábado en la tarde, estaba desesperada y no podía más con las voces ni con el sufrimiento. Tenía mi cara hinchada de tanto llorar. Envié a mi niño afuera, para que jugara con sus amigos y comencé a caminar de un lado a otro de la casa. De momento, me llega un mensaje de texto: "Hoy tenemos culto: ¿Deseas ir?" Nuevamente, me sentía como Pedro; "¿Jesús, me estás preguntando, me amas?" Ese mensaje de parte de Dios, apareció cuando menos lo imaginaba, pero cuando más los necesitaba. Su conversación conmigo no era una de señalamiento sino, que la misma era para traer a mi dolida alma alivio y sanidad. Acepté la invitación de ir a la iglesia.

Llegué a la iglesia, intentando de disimular, la condición emocional catastrófica en la que me encontraba. Dije entre mí, ya no puedo llorar más, porque me duele llorar. Las intenciones de conseguir hablar con el padre de mi hija eran infructuosas y eso me dolía cada día más. Y me imagino a un Pedro, respondiendo a la repetida pregunta de Jesús, con un corazón dolido y avergonzado por haberlo negado en aquel momento. Yo me sentía, que lo había negado igual que Pedro por tantas veces, por tantas malas decisiones y malos escogidos. Y mi respuesta, era igual que la de Pedro, basada en el dolor que estaba sintiendo. Él todo lo conoce, cómo poder esconder algo de mi alma ante Su Presencia. Pero aun así, Jesús le responde a Pedro con un llamado, "apacienta mis ovejas". Y aunque en medio de mi dolor no lo vi, también el llamado estaba firme y presente para mí.

La pastora, trazó un mensaje poderoso bajo el tema "Enfócate". Mientras estaba sentada en aquel asiento, escuchaba como Dios me llamaba a enfocarme, porque Él quería que retomara el lugar que tenía para mí. Durante el llamado, pasé para la oración y Dios comienza hablar a mi vida. No sé de dónde salían más lágrimas, pero comencé a llorar, porque a través de esta mujer, quien jamás había visto, me dijo: "Todos te abandonaron", y mi alma colapsó. El sentimiento de abandono es el peor sentimiento que puede experimentar una persona. Yo no tengo palabras para describir, el dolor tan grande que estaba sintiendo en ese mismo instante, porque era muy cierto. Me sentía abandonada por aquel en quien había puesto mi confianza, el padre de mi hija. Pero amada, la Biblia dice en Salmos 27:10: *Aunque mi padre y mi madre me dejaran, con todo, Jehová me recogerá.* El Rey David entendió, que no importaba de dónde provenía tal abandono, Dios era fiel con él. El Rey David, mencionó a sus padres, el vínculo más estrecho y sincero de amor y de cuidado, pero no importa quién te abandone, Dios llegará para socorrerte. En medio de esta poderosa ministración, Dios me daba órdenes de levantarme y predicar la Palabra que había puesto en mí. Una vez más, estaba en los zapatos de Pedro; Dios me preguntaba otra vez: "Elizabeth, ¿Me amas? Pastorea mis ovejas".

Pero aun Dios hablándome, me sentía que no podía salir del abismo de la depresión donde estaba totalmente sumergida. No tenía las fuerzas, estaba agotada espiritual, mental y físicamente. Según mi pensar, en ese momento, no podía levantarme y volver a retomar el lugar que Dios había separado para mí. La condición en que me encontraba y los sentimientos de dolor que me atrapaban, mantenían mi mente cautiva en inercia, sin saber ni donde comenzar. Mientras Jesús, estaba nuevamente invitándome a ese *Llamado Inevitable*, yo estaba todavía en la escena de mi dolor y sufrimiento.

Al no tener como pagar el alquiler, ni los gastos de agua y luz; gastos básicos y necesarios, llegó el momento, donde me tuve que mudar de la casa donde estaba viviendo. Una amiga y su familia, abrieron las puertas de su hogar y me recogieron con mucho amor, a mí y a mis hijos. Este recuerdo trastoca mi corazón, porque mi amiga del alma partió con el Señor, pero aun así siempre la tendré presente en el baúl de mis memorias como el instrumento de bendición y de cuidado que Dios puso en mí camino. Ella y su madre, siempre buscaban como alegrar mi corazón. Recuerdo las noches sin dormir, juntas riéndonos de anécdotas pasadas. También, recuerdo las noches de llanto, que a pesar de ella no decir nada, yo sabía que estaba ahí para lo que necesitara. Por mi mente, jamás pasó el pensamiento de mi realidad, de que yo y mis hijos éramos deambulante; hasta que me senté con la Directora de la escuela donde estaba matriculando al nene. En ese mismo instante que ella me lo notificó, quedé paralizada del dolor y de la vergüenza de la situación en que me encontraba. Eso fue, como tirarme un balde de agua fría por encima. Esta noticia, añadió más tristeza a mi corazón. Lloraba todas las noches, aun buscando respuestas del porqué de lo sucedido, pero no tenía respuesta ninguna a mi dolor.

A pesar de conocer que él estaba en otra relación, en mi corazón estaba la esperanza de que él me viniera a buscar. Día tras día, sentía que no lograba salir del hoyo donde estaba metida. Comencé a ir todos los días, a la tienda donde trabajaba la abuela de la nena, con la esperanza de tener algún tipo de contacto con él. Recuerdo que él llamaba y hablaba con todos, menos conmigo. Delante de todos, yo me mantenía fuerte y no lloraba a causa del desprecio que demostraba, pero por dentro estaba cada día más destrozada. Llegó el momento, donde tenía que mudarme de casa de mi amiga. No sabía a dónde iba a ir, hasta que al fin, conseguí un apartamento abandonado y me fui a vivir allí. Había una familia ya viviendo en el apartamento del primer piso, y solicité el permiso de ellos, para que me permitieran vivir en el segundo piso. Solo tenía una cama, donde podía dormir el nene y un mueble en la sala. A pesar, de estar en un lugar donde no era de mi agrado, estaba bajo un techo con mis hijos. Pero, sabía que tenía que salir de ahí, porque no era un lugar donde debía tener a mis hijos. La cocina del apartamento, estaba sin terminar, no había estufa y el apartamento, estaba completamente vacío. Solo entraba al cuarto dormitorio y al baño, nada más. No era tampoco, un lugar seguro para mí, ni mis hijos.

Logré, con la ayuda de otra amiga, reunirme con una Trabajadora Social, buscando opciones para salir de donde estaba. Pero mi esperanza era cada día menos evidente de que recibiría algún auxilio. Recuerdo, que llamé a un familiar buscando ayuda y le envié fotos del lugar donde estaba viviendo. Inmediatamente, ellos intentaron comunicarse con el padre de mi hija y cuando lograron comunicarse, su respuesta fue que él, no podía recibirme donde estaba. Sin embargo, él mismo, llamó a su madre para contarle mi situación y pedirle que me ayudara. Ella me llamó, y al siguiente día, me recogieron para que me fuera a vivir con ella. Esta situación de vivir con la madre del que me abandonó, trajo muchos sentimientos encontrados, porque no nos conocíamos muy bien. Y por otro lado, en algún lugar de mi corazón, me traía la esperanza de una reconciliación con el padre de mi hija. Pero, la realidad es que esto no pasó. Él, mantuvo la misma conducta de distanciamiento, aun estando en la casa de su madre y me sentía humillada por él. Para él, era indiferente el que yo estuviera allí, viviendo con su madre. Este proceso de vivir en diferentes hogares, duró aproximadamente, un año y medio. Dios, puso en mi camino, a cada una de las personas que me bendijo, abriendo las puertas de su hogar, para que yo estuviera segura con mis hijos.

Yo, pasaba todas las noches llorando, hasta quedarme dormida en muchas de las ocasiones. En medio de este proceso, Dios necesitaba que yo entendiera, que mi confianza no podía estar puesta en el hombre, mi confianza tenía que estar puesta en Él. ¿Recuerdas la historia de Agar al principio del libro? Agar, tuvo que aprender a confiar en Dios después del abandono de Abraham. Esto, te lo puedo decir ahora, pero en medio de mi crisis, no lo veía y no lo podía entender. En ocasiones, pensamos que Dios no está siendo empático con nuestro dolor. En los momentos de desierto, olvidamos que Jesús también, tuvo un momento en su vida donde sintió que estaba solo.

En Mateo 27:46, nos dice: *Cerca de la hora novena, Jesús clamó a gran voz, diciendo: Eli, Eli, ¿lama sabactani? Esto es: Dios mío, Dios mío, ¿Por qué me has desamparado?* Jesús, tuvo su momento de soledad, donde sintió que el Padre lo había abandonado. El momento, donde el pecado de la humanidad estaba sobre Jesús; Él exclamó y le preguntó a su Padre, por qué lo había abandonado. Por tanto, Jesús llegó a sentir lo que tú y yo, hemos sentido en los momentos donde nos han abandonado. Pero, a pesar de ese sentimiento que Jesús tuvo en aquella cruz, Él decidió confiar en el Padre Celestial, para que Su cumplimiento se realizara en la Tierra. Él, entregó Su vida por la humanidad y ese momento de soledad momentánea, no se puede comparar con el resultado poderoso del proceso. Resultado, que cada una de nosotras disfrutamos hoy en día, la Salvación y la Redención de nuestra alma. Por tal razón, te puedo decir confiadamente, que Él estuvo conmigo, en cada momento de este doloroso, pero necesario proceso de mi vida.

Después de año y medio, logré alquilar un apartamento y salir de donde me encontraba. Nuevamente, Jesús a través de cada puerta que abría, me pregunta: "Elizabeth, ¿me amas?" Yo, visitaba a la iglesia como respuesta, "si te amo". No trabajaba y vivía de una pequeña pensión que recibía, pagaba la renta, el agua y la luz, con trescientos sesenta dólares mensuales. Comencé nuevamente, a retomar control de mi vida, aunque vivía con la esperanza, de que el padre de mi hija algún día, iba a tocar a mi puerta y regresaría con nosotras.

Como mencioné al principio de este capítulo, no hay nada oculto delante de Su presencia. En el momento de Jesús comenzar a tener esa conversación con Pedro, Él sabía cómo estaba el corazón de él. Jesús, sabía que Pedro sentía vergüenza por lo que había sucedido. Existe la probabilidad, que hasta llegó a deprimirse por el sentimiento de culpabilidad que tenía, por causa de su negación. Día tras día, noche tras noche, reconstruyendo la escena de su negación, tratando de aliviar su dolor. Añadiéndole, los recuerdos del sufrimiento del Maestro en aquella cruz. Pero, para el Señor era importante, que Pedro entendiera el propósito que tenía con él. No importando lo ocurrido, Él iba a cumplir Su voluntad sobre la vida de Pedro.

Cuando pensamos que todo se acabó, cuando pensamos que ya no hay esperanza para nuestra situación, ese es el momento, cuando Jesús toca a la puerta y te dice: "quiero entrar a tu corazón y hablar contigo". Jesús, entra con la intención de sanar por completo tu corazón y traer una libertad plena, para que en medio de la conversación con Él, podamos discernir, cuál es Su perfecta voluntad en nuestra vida. A pesar de la negación de Pedro, Jesús se había empeñado con él, porque había *Un Llamado Inevitable* en su vida. Jesús, le preguntó en tres ocasiones, si lo amaba, la misma cantidad de veces que lo negó. A pesar de ser la misma pregunta, la respuesta de Jesús para cada vez que preguntaba, me impresionó muchísimo. Jesús sabía lo que le iba a entregar a Pedro y era vital que el corazón de Pedro estuviera preparado y dispuesto a recibirlo y echarlo a correr. Así mismo, sucede con nosotras. Dios tiene planes con cada una de nosotras, pero tenemos que estar sanas para poder bendecir y vendar a los que están heridos, llevándolos a ser sanos por Dios. Analicemos la conversación de Pedro y Jesús:

1. Jesús dijo a Simón Pedro: "Simón, hijo de Jonás, ¿me amas más que a estos? Le respondió: Si, Señor; tu sabes que te amo. Él le dijo: Apacienta mis corderos". Todavía, Pedro estaba avergonzado por lo que había sucedido. Me imagino a Pedro, recordando la mirada del Maestro en el momento que cantó el gallo por segunda vez. Estaba su corazón inundado de dolor y sufrimiento. Pero Jesús, no importando lo que había sucedido, le está dejando saber que todavía poseía *Un Llamado Inevitable*, y le dice, "apacienta mis corderos". La

responsabilidad de apacentar, era de llevar al animal a comer. Jesús, le está diciendo: "ve dale a comer a mis pequeñitos". El cordero, tenía menos de un año, era tierno todavía y necesitaba a alguien que lo llevara a pastar o comer al campo. Cuantas veces, nos hemos quedado en el dolor y la vergüenza de las malas decisiones y aun así, Jesús entra en acción a nuestra vida preguntándonos, "¿me amas?, apacienta mis corderos." Hecha a un lado nuestra falta y nos entrega un ministerio de apacentar a aquellos en su rebaño, que necesitan ser alimentados de la Palabra de Dios. Así cómo Jesús, le estaba dejando saber a Pedro, que Él no estaba tomando en cuenta su negación, también lo está haciendo con nosotras. Es momento de sanar, soltar lo que nos hiere y mirar fijamente al Maestro, no solo decir: "si, te amo"; sino, llevando esa Palabra sanadora a otros, porque Él se ha empeñado con nosotras.

2. Jesús, volvió a decirle la segunda vez: "Simón, hijo de Jonás, ¿me amas? Pedro le respondió: Si, Señor; tu sabes que te amo. Le dijo: Pastorea mis ovejas". Nuestra conversación, debe ser constante con el Señor. Él conoce lo que hay en nuestro corazón, pero, es importante que nos mantengamos hablando con Él. Jesús, no se conforma con una simple respuesta, no se conforma con una simple oración. Él necesita que nos entreguemos por completo a su poder sanador, porque en medio del proceso de sanación, nuevamente, nos va a preguntar, "¿me amas?" Por segunda ocasión, Pedro fue confrontado y su respuesta fue la misma. Pero, todavía había algo

en Pedro que necesitaba sanidad, y Jesús quería que él se diera cuenta de eso. Lo interesante es, que Pedro le está respondiendo, "tú lo sabes". En muchas ocasiones, le decimos: "Señor, tu sabes mi respuesta, pero nos olvidamos que el Señor también conoce si en realidad, he tomado la decisión de sanar por completo o mantenerme agarrada de algo que ha de ser de tropiezo en mi caminar. Jesús, en esta ocasión, le recuerda que tiene *Un Llamado Inevitable*, "pastorea mis ovejas". La responsabilidad cambia en esta ocasión, porque no le dijo, "ve y dale de comer a mis pequeñitos", sino que, le entregó el cuidado de las ovejas. Pastorear es, llevar al ganado al campo y cuidar de él, mientras come. Es mantenerlo seguro en medio del campo lleno de peligros y ataques de fieras. Jesús, está en pocas palabras diciendo: "me he empeñado contigo, y no te voy a soltar, hasta que cumplas tu propósito en Mi."

3. Le dijo la tercera vez: "Simón, hijo de Jonás, ¿Me amas? Pedro se entristeció de que le dijese la tercera vez: ¿Me amas? Y le respondió: Señor tú lo sabes todo; tú sabes que te amo. Jesús le dijo: Apacienta mis ovejas." Jesús, culmina la conversación con Pedro, con la última pregunta y en esta ocasión, Pedro se entristece, porque Jesús nuevamente, le hace la misma pregunta. Me imagino a Pedro, diciéndose a sí mismo, que la razón por la misma pregunta, es que de seguro Jesús, no le cree porque le había fallado, cuando lo negó tres veces. Pedro nuevamente, le responde: "tú lo sabes todo". Jesús, necesitaba que Pedro entendiera, que Él no tenía en cuenta lo sucedido,

y por lo tanto, él tampoco tenía que hacerlo. Cuanto tiempo, hemos de estar agarradas a las cosas pasadas, manteniendo unas heridas que Jesús hace mucho, decidió sanar y olvidar. Jesús, le demostró a Pedro en tres ocasiones, que todavía su llamado seguía en pie. Sus planes no habían cambiado. Jesús, quería que Pedro entendiera, una verdad eterna: "Me negaste tres veces y yo te estoy diciendo, en tres ocasiones, que me he empeñado contigo, que tienes *Un Llamado Inevitable*, por lo tanto, apacienta mis ovejas, dales de comer."

Ya, en diferentes ocasiones, Dios me estaba dejando saber, que Él estaba empeñado conmigo, a pesar de todavía yo estar con el alma dolida. Comencé a buscar y a dar pasos hacia Su Presencia y en diciembre del 2015 regresé a Su Regazo, me refugié en Su misericordia y me mantuve firme en mi decisión. Comencé a buscar trabajo, encontré muchas puertas que se cerraron, pero llegó el momento cuando Dios, abrió una puerta. Recibí una llamada en el mes de noviembre del año 2016, donde la persona de Recursos Humanos, me indicó, que por favor pasara la mañana siguiente, para firmar el contrato de empleo. El milagro de esta puerta es, que no tuve que pasar por proceso de reclutamiento, ni tan siquiera de entrevista; entré por la puerta y hasta el día de hoy, aún estoy en este trabajo. ¡Gloria a Dios! Mientras Dios seguía abriendo puertas y caminos, yo continuaba buscando de Su Presencia, en altas y bajas.

Dios, por medio de la iglesia donde me congregaba, comenzó a sanarme, a restaurarme y a levantarme, pero mi proceso de sanación no había terminado. Aún, quedaban preguntas en mí que no habían sido contestadas, pero sabía, que mientras siguiera sanando, encontraría las respuestas que tanto buscaba y necesitaba.

Actualmente, el ministerio que Dios puso en mis manos, Mujer, No Dejes Tu Lugar, está en función y corriendo por la gracia y misericordia del Señor. Dios me habló y yo estoy caminando hacia lo que Él tiene para mi vida. Cada paso que he dado, Dios ha tenido cuidado de mí. Sin merecer nada, Dios me ha devuelto mucho; trabajo y techo seguro. Sobre todas las cosas físicas que me ha dado, me regaló Su perdón. No ha pasado un segundo, una hora, un día, sin que Dios de alguna forma u otra, me deje saber, que Él se ha empeñado conmigo y que Su *Llamado* sobre mi es *Inevitable*.

10

Una parte esencial de la mujer

Como mujer puedo decir, que estamos llenas de tantos talentos, virtudes y habilidades que Dios en Su Eterno diseño, ha puesto dentro de nosotras para desarrollarlas y que seamos de bendición a la Tierra. En el momento que Dios nos formó, lo hizo con el fin, de que deslumbráramos en cada escena de nuestra vida. Cada palabra plasmada en este libro, demuestra que Dios tiene un plan Eterno para cada una de nosotras, y como es eterno, no caduca. Este diseño eterno, quedó plasmado desde el principio, en el Huerto de Edén.

Las enseñanzas recibidas en nuestra vida, nunca terminan, porque su propósito es desarrollar en nosotras y que demostremos ese diseño, a través, de cada una de ellas. Pero, deseo compartir contigo, una enseñanza que recibí no mucho tiempo atrás. Mientras hablaba con una mujer muy especial, escuché unas palabras que me fueron difíciles de digerir en ese momento. Me costó mucho ver y entender esta enseñanza. Sus palabras fueron (parafraseado), "que no importa las malas experiencias que hemos vivido en el caminar, aun siendo causadas por un hombre; ellos continúan siendo una parte esencial de nosotras". Les confieso, que tardé mucho en aceptar ésta verdad, y de poder entender lo que ella me quiso decir. Mis experiencias, me tenían atada a una mentalidad de dolor y coraje hacia el hombre, y había creado en mi mente una ideología errónea. Pero, si difícil fue escuchar estas palabras, más difícil fue, tratar de plasmar lo que ella me dijo, en un capítulo completo.

Para lograr entender esta verdad de Dios, tuve que rebuscar en mi alma, qué quedaba por sanar y qué necesitaba entender de parte de Dios para mi vida, en este tiempo. Pero, luego de analizar y digerir estas palabras, rebuscar mi alma y de recibir sanación y restauración de parte del Señor, puedo ahora en este capítulo, decir que sí, el hombre es parte esencial en la vida de la mujer. No importa, qué figura esté representando en este momento, ya sea como padre, esposo, amigo, hijo o un desconocido. Necesitamos entender, que la creación de Dios es perfecta y no importando, cuál sea la historia de cada cual, ambos, somos esenciales en la vida de cada uno. Ambos, poseemos un diseño eterno y somos complementos a un propósito mayor. Es la intención del adversario, desde el principio y hasta hoy, usurpar y contaminar este propósito, haciéndonos creer que llevábamos una culpa irreparable y que Dios, nos había descartado de Su amor y perdón.

Antes de culminar con este libro, deseo que entiendan cómo y por qué el hombre es esencial en la vida de la mujer. Dios, creó a cada género con sus funciones y un diseño único para que se complementen, siempre manteniendo presente que la total dependencia debe ser, únicamente en Dios. Ve y búscate una taza de café, un chocolate caliente, o recuéstate en la hamaca, porque deseo cerrar con broche de oro y quiero asegurarme, que cuando termines de leer este libro, te sientas libre, sana y con la disposición de ir detrás de cada promesa que Dios te ha dado. De juntas, entender, porqué el hombre es parte esencial de nosotras; a pesar de haber una lucha y resistencia como la que yo tenía, en el momento de comenzar a escribir este capítulo.

Yo, era una mujer llena de amargura, tristeza, rencor y resentimiento, mayormente hacia la figura del hombre; y estos sentimientos no me permitían ver, más allá de lo que Dios tenía para mí. En medio de mis procesos de sanación de parte del Espíritu Santo, pude ver la raíz de cada uno de esos sentimientos y tormentos en mi interior, y logré entender lo que Dios quiso que yo supiera y aprendiera con sabiduría, desde un principio, y hoy lo compartiré contigo.

Dios estableció un modelo bíblico para el hombre y también para la mujer, pero nunca dijo que cada uno debería depender ciegamente en el otro, sino que en medio de nuestra dependencia única en Dios, nos complementáramos y camináramos en pos de todo lo que Él ha preparado para nosotros. Yo, cometí el error de poner toda mi dependencia y confianza en el hombre y cuando lo hacía, me olvidaba de Dios por completo. Pero el Salmo 118:8 me dice: *Mejor es confiar en Jehová, que confiar en el hombre*. Y esta verdad, pude verla cumplirse en mi vida, cuando decidí sanar.

Al surgir el tema de este último capítulo, lo primero que llegó a mi mente fue: "¿qué es esencial?" Según el diccionario, el significado de esencial es, *algo que es importante y necesario*. Este significado, no es el lenguaje que se habla hoy en día, mucho menos en referencia al hombre y la mujer, sino que existen mujeres que han trazado una línea, una barrera en su mente, porque se resisten en aceptar que la figura masculina es una parte esencial en la vida de ellas. La pregunta es, ¿Por qué? ¿Acaso es a causa del feminismo, cultura o nuestra crianza? Existe una diversidad de respuestas, que pueden tener algún tipo de validez a su razonamiento. Hay mujeres, que han tomado decisiones drásticas, basadas en experiencias no muy agradables y se permiten, el tener sentimientos de animosidad hacia la figura del hombre en sus vidas, y esto, también es una razón lógica y aceptable por la comunidad en general. Cada una, buscará la forma de justificar sus decisiones, basándolas en sus experiencias personales. Sin embargo, no importando la validez de su razonamiento, es necesario, entender el diseño perfecto de Dios y de no permitir que el raciocinio dañe el propósito que Dios ha establecido para cada una de nosotras desde la eternidad. Existe la posibilidad, de que tengas una respuesta y que pienses que es válida. Pero, te invito a que me acompañes a conocer mi enseñanza aprendida, en medio de este proceso sanador de mi percepción del hombre en la vida de la mujer.

Mientras repasaba cada una de las memorias presentadas en este libro, me detuve a autoanalizarme y a asegurarme que la intención de este capítulo es para la edificación, la sanidad y el crecimiento, y no la destrucción. Por tal razón, les hablo con un corazón sano y libre; asegurándoles, que el propósito de presentar estos puntos no es para señalar, juzgar, ni atacar al género masculino. Por el contrario, deseo llevar a cada mujer, a tomar unos minutos de su tiempo para que entiendan que, el hombre tiene sus funciones en la vida de nosotras, pero no significa, que nuestra dependencia debe ser totalmente en ellos. Debemos ejercer estas funciones establecidas por Dios en Edén, para nuestra bendición y las mismas todavía siguen vigentes. Pero ninguna de nosotras, debemos perder el enfoque de quién es Dios en nuestra vida.

Hoy en día, existen tantas mujeres que están caminando por la vida con las mismas heridas que yo tenía en mi pasado. Heridas provocadas por factores como lo es, la violencia doméstica, la violación, la traición y el abandono. Estas acciones, han marcado su alma y las dejan moribundas en medio del camino. Estos escenarios de dolor, marcan y contaminan el alma y nos llevan a crear un pensamiento que va contrario al modelo bíblico creado por Dios para bendición. Aquí es, donde debes dejar que Dios entre en acción, para sanarte y librarte de estos pensamientos contaminados y dañinos que no imparten fe, ni paz ni gozo en tu vida. La sanidad es necesaria, para poder aceptar que, el hombre, es una parte esencial en la vida de la mujer, como la mujer lo es para la vida del hombre. Acompáñame a las Escrituras, para que las mismas, nos den la evidencia y nos lleve a entender esa esencia de la que estoy hablando.

Un vistazo a las Escrituras
La mujer, una parte esencial del hombre

Podemos ver en el libro de Génesis, en el capítulo dos, que existen unos puntos primordiales donde nos presenta la función y el diseño eterno de Dios para la mujer; de un propósito destinado por Dios y que no es reversible. Los versos 18 al 20 nos expone: *Y dijo Jehová Dios: no es bueno que el hombre esté solo, le haré ayuda idónea para él. Jehová Dios, formó, pues, de la tierra toda bestia del campo, y toda ave de los cielos y las trajo a Adán para que viese como las había de llamar; y todo lo que Adán llamó a los animales vivientes, ese es su nombre. Y puso Adán nombre a toda bestia y ave de los cielos y a todo ganado del campo; más para Adán no se halló ayuda idónea para él.*

Dios había creado un hombre completo, que caminaba y hablaba con Él diariamente, su relación con el Padre Creador era única y perfecta. Sin embargo, para Dios poder cumplir Su propósito en la Tierra, que fuera llena de Su gloria y Su poder, de ejercer el gobierno del cielo a través de Adán, faltaba un *"detallazo"*. Faltaba esa ayuda idónea, que complementaría a Adán, para cumplir Su misión y Su propósito aquí en la Tierra. Dios lo vio solo, vio su alma buscando algo que él mismo, no sabía que necesitaba. Así es Dios con nosotros, no hay detalle muy pequeño ni sentimientos muy extraños, para que Él busque nuestro bienestar y nos de Su bendición. Dios, vio cómo Adán buscaba algo, en medio de su tarea de nombrar los animales vivientes, y ese alguien solo Dios lo podía proveer. Dios le permite a Adán, que vea esa necesidad que existe en él. Así que, comenzó el certamen, la búsqueda de esa ayuda idónea. Me imagino a Adán, listo para identificar quién de todos los animales vivientes sería esa ayuda para él. La Palabra nos indica, que Dios formó de la tierra toda bestia del campo y toda ave de los cielos. Los concursantes estuvieron delante de Adán para que les diera nombre, pero en este proceso, Adán no tuvo una conexión con ninguno de ellos. Esa ayuda idónea, no se encontraba entre lo que se presentaba ante él. Así que, Adán ve por primera vez, que siendo perfecto, todavía faltaba algo más.

Dios es un Dios Justo y Perfecto, lleno de gracia y de misericordia, que se deleita en bendecir a sus hijos y llenarlos de bien. Por esto, las Escrituras nos describen, el cuidado de Dios con Adán y su trato en amor, hacia esta necesidad básica de una ayuda idónea (suficiente y apta), justa para él. La Palabra nos dice: *Entonces Jehová Dios hizo caer sueño profundo sobre Adán, y mientras este dormía, tomó una de sus costillas, y cerró la carne en su lugar. Y de la costilla que Jehová Dios tomó del hombre, hizo una mujer, y la trajo al hombre* (Génesis 2:21-22).

Aunque, la historia bíblica no lo registra, yo me imagino a Adán pensativo, preguntándose de dónde vendría, esa ayuda idónea que mencionó Jehová; si Él, ya lo había creado todo. También, me imagino a Dios diciéndole: "Ven, Adán, descansa, Yo tengo el control y la solución que buscas". Dios, lo hizo caer en un sueño profundo y culmina la presentación de los concursantes, con aquella persona que iba a ser una parte esencial en la vida de Adán. Lo menos que se iba a imaginar Adán era, que el momento de despertar de su sueño, Dios le iba a traer la última concursante, la mujer, su ayuda idónea. La conexión inmediata que tuvieron ambos, fue tan perfecta, que Adán no tan solo le da nombre a la mujer, sino que declara sobre ella una palabra profética: *Dijo entonces Adán: Esto es ahora hueso de mis huesos y carne de mi carne; ésta será llamada Varona, porque del Varón fue tomada* (Verso 23).

Esta declaración de Adán no queda incompleta, sino que continúa diciendo, que por motivo del diseño eterno de Dios, el hombre dejaría a su casa y se uniría a su mujer y serían una sola carne (verso 24). Esta declaración no la dijo Dios, sino Adán, como respuesta de agradecimiento hacia un Dios fiel. Adán entendió, que éste era el diseño de Dios para que el hombre (varón y mujer) gobernara la tierra y la llenara de Su Gloria.

Desde el principio, hubo una unión en cuerpo, alma y espíritu entre el hombre y la mujer, demostrando, que la mujer es una parte esencial para el hombre. Pero este propósito de Dios, no quedaba solo en que ella era esa parte esencial del varón, sino que ambos serían esa parte esencial el uno con el otro, cuando la Palabra nos declara: "y serán una sola carne". Sobre esta unión perfecta e idónea, creada en el Huerto de Edén, Dios da instrucciones y destina sus funciones en esta nueva pareja. Aun así, era necesario que cada uno dependiera de Dios, para ser ese complemento ideal y efectivo, uno del otro. Es evidente al leer las Escrituras, que Adán pasó un proceso de reconocer su necesidad, antes de que la mujer fuera presentada como la mejor opción, de ser esa ayuda idónea para él.

El hombre, es una parte esencial en la vida de la mujer

Primeramente, la relación de Adán con Dios, estaba intacta. Dios se paseaba en el huerto, y Adán, hablaba libremente con su Creador. Hasta ese momento, el hombre estaba claro, que debía tener total dependencia en Dios, para él poder llegar a la plenitud de lo que Dios quería para con su vida. Esta relación entre Creador y creación, estaba trabajando a la perfección. Era el momento de Dios ahora, de comenzar a desarrollar los talentos que había puesto en el hombre. El hombre, como parte de su diseño perfecto, le fue constituido unas funciones básicas y necesarias para el cumplimiento de su propósito en la Tierra. Veamos, que nos dice la Palabra de Dios al respecto.

Creado para ser proveedor – en el verso siete de este capítulo dos de Génesis, nos relata que Dios crea al hombre del polvo y luego, lo comienza a preparar para la misión de gobernar la Tierra. En el verso quince, nos declara: *"Tomó, pues, Jehová Dios al hombre, y lo puso en el huerto de Edén, para que lo labrara y lo guardase."* Este pasaje, presenta dos funciones básicas y vitales para el hombre, y todavía, su ayuda idónea, no estaba en el panorama. Era la responsabilidad del hombre, de buscar sustento y de cuidar lo que se le había entregado. Es importante, entender, que aunque cada uno es esencial en la vida del otro, no podemos sacar de contexto nuestra función como hombre y como mujer. Ya la figura de proveedor del hombre estaba en su proceso; Dios lo coloca en un huerto y le comienza a dar responsabilidades para que desarrolle todo el potencial que había en él. Dios, no nos puede dar algo o alguien, en nuestra vida, si no estamos listos para cuidarlo y hacerlo prosperar. El hombre, tuvo que pasar por un proceso de aprendizaje en las manos del Creador, para que entonces, llegara la ayuda idónea que necesitaba. Así que, la primera función que indica la Palabra de Dios, es la de labrar la tierra. El hombre, estaba siendo desarrollado, para que pudiese proveer sustento y ser efectivo en esta función de proveedor, a través del trabajo. Adán, tenía que estar listo y diestro en poder sustentarse a sí mismo y proveer una estabilidad económica y emocional, no tan solo para él, sino para todos los venideros.

Creado para ser protector – luego, podemos observar, que además de trabajar, también le es dada la responsabilidad, de que lo guarde. El significado de guardar es: *conservar una cosa o retenerla; evitando que desaparezca, se pierda o se altere.* Adán, no tan solo está siendo desarrollado en el área de proveedor, sino que también, tiene la responsabilidad de proteger y retener su lugar de jurisdicción, el cual Dios le había puesto bajo su cuidado. Esto exige un compromiso y una constancia de parte de Adán; Dios, le estaba dando a entender, la importancia de valorar lo que a él se le había entregado. Esta enseñanza, es vital también para nosotras, porque si no valoramos nuestra relación con Dios y todo lo que Él ya ha puesto en nuestras manos, ¿cómo vamos a valorar el tener a otra persona en nuestra vida? Adán, debía tener un sentido de pertenencia y de importancia, en todo lo que Dios le había entregado en sus manos. Hasta este punto, Adán ya estaba pasando por un proceso de preparación, apreciación, valorización y de esfuerzo en todo lo que Dios le estaba dando, porque muy pronto, él iba a recibir una bendición como ninguna otra, que lo acompañaría y que iba a ser una esencia en su vida.

Creado para liderar – podemos ver también en el verso 16, que a Adán, se le entrega una batuta de liderazgo. Dios, le da instrucciones de cómo ejercer ese liderazgo y espera que Adán obedezca. Ya él estaba nutrido en experiencia y conocimiento y ahora, era el momento de ejercer lo aprendido. Adán, podía ejercer como, proveedor, como protector y como líder. Llegó el momento, donde Dios dice, *"que no es bueno que el hombre este solo"* (verso 18). Al igual que el huerto, Dios le entrega la mujer a Adán y espera que sea para ella, proveedor, protector y líder espiritual. Ahora, se le otorga a Adán, la función para ser el sacerdote del hogar, y tenía la responsabilidad de ser el guía espiritual. La mujer fue creada para complementar al hombre, trabajar mano a mano con él, en todo lo que Dios les había entregado en sus manos. Ahora, la mujer, era copartícipe de las responsabilidades y del compromiso a Dios en el huerto de Edén. Pero, en ningún momento, Dios dijo, que la mujer tuviera una dependencia total y única en el hombre, a tal grado, que convirtiera a Dios en alguien secundario en su vida.

Somos un equipo

Revisando a Génesis 2:24, nos dice: *por tanto, dejará el hombre a su padre y a su madre, y se unirá a su mujer; y serán una sola carne.* Estas palabras declaradas por Adán, fueron registradas en el cielo y vemos como Jesús hace eco de ellas y añade: *Él, respondiendo, les dijo: ¿No habéis leído que el que los hizo al principio, varón y hembra los hizo, y dijo: ¿por eso el hombre dejará padre y madre, y se unirá a su mujer, y los dos serán una sola carne? Así que no son ya más dos, sino una sola carne; por tanto, lo que Dios juntó, no lo separe el hombre* (Mateo 19:4-5). Jesús, tenía pleno conocimiento, del diseño eterno que Dios había creado en el huerto de Edén, para el hombre y la mujer. Este diseño, es un equipo preparado para cumplir a cabalidad el propósito de Dios en la Tierra. En el momento, de reiterar las palabras de Adán, de que el hombre y la mujer fuesen una sola carne, Él está diciendo, que la responsabilidad que les estaba entregando, no era un trabajo de uno solo, sino que cada uno necesitaba el apoyo del otro, para ser efectivos y cumplir lo que Dios le había ordenado, de sojuzgar la tierra, someterla a su poderío y gobernarla.

Veamos a Génesis 1:26-28: *Entonces, dijo Dios: hagamos al hombre a nuestra imagen, conforme a nuestra semejanza; y señoree en los peces del mar, en las aves de los cielos, en las bestias, en toda la tierra, y en todo animal que se arrastra sobre la tierra. Y creó Dios al hombre a su imagen, a imagen de Dios lo creó; varón y hembra los creó. Y los bendijo Dios, y les dijo: Fructificad y multiplicaos; llenad la tierra, y sojuzgadla, y señoread en los peces del mar, en las aves de los cielos, y en todas las bestias que se mueven sobre la tierra.* Dios, fue bien específico en el momento de establecer las directrices, dadas al hombre y la mujer. Dios comienza, dando la orden de fructificad; este vocablo significa: *dar fruto, producir utilidad.* En otras palabras, Dios le estaba indicando a **ambos**, que juntos, comenzaran a ser productivos, que debían comenzar a desarrollar y a construir. Dios le otorga la capacidad y la posición legal de hacer algo nuevo; "vayan y construyan un imperio", y les dio Su bendicion para hacerlo. Como equipo, tenían la responsabilidad de trabajar juntos, porque, independientemente de ser una sola carne, cada uno poseía el diseño con unas especificaciones particulares y las mismas se complementan entre sí.

La segunda directriz que Dios da, es de "multiplicarse". Existen varias definiciones para la palabra multiplicar. Una de ella es: *reproducirse los seres vivos.* Pero también, encontré la definición que me llamó mucho la atención, y es: *esforzarse alguien por realizar o atender varios asuntos a la vez.* Como mencioné anteriormente, el diseño de cada uno es distinto, porque cada cual ha de desarrollarse en todo lo que produzcan y construyan. El esfuerzo individual es necesario, porque cada cual se esmerará en cumplir con su parte, teniendo un solo fin, el cumplimiento de Dios en sus vidas, aquí en la Tierra.

Dios desea que tanto el hombre como la mujer se multiplique, no tan solo en un crecimiento familiar, sino que también la multiplicación va de la mano, de la fructificación, de lo que Dios les entregó en sus manos. Mientras hoy, en el siglo 21, el género masculino y femenino están en una constante lucha de poder, la realidad es, que al final se logrará más efectivamente, si trabajamos juntos y en armonía. Cada uno, aportando según su diseño, sus habilidades y sus cualidades, son el equipo ideal, que Dios intencionó que funcionara efectivamente, su Reino aquí en la Tierra. Un punto que veo muy importante mencionar, es que en el momento que Dios da estas instrucciones, las da a ambos. Dios culmina diciendo: "juntos han de llenar la tierra a través de la procreación. Sojuzgadla y juntos gobiernen la creación que les he entregado. Todo lo que entregué en las manos de Adán, juntos deben gobernarla porque es mucho y los diseñé a cada uno para que se complementaran y pudiesen lograr el desarrollo de la misma".

Jesús, fue un poco más específico, cuando dijo: "lo que Dios juntó, no lo separe el hombre" (verso 5). Estas palabras de Jesús, las escuchamos a menudo en talleres para matrimonios, en los retiros matrimoniales y en toda consejería cristiana. Afirmo lo que se le enseña a cada matrimonio, porque no hay mejor consejo que la que nos da la Palabra de Dios. En adición a esto, no podemos perder de perspectiva, que Dios creó un equipo compuesto, por un hombre y una mujer. Entonces, casados, no casados, como hermanos, como primos, como hijos e hijas, compañeros de trabajo; no importa, cual sea tu función en tu comunidad y familia, como mujer o como hombre, siguen siendo un equipo. No permitamos, que esa unión creada por Dios, se destruya por ideologías humanas, porque Dios trazó grandes planes para todos y juntos tendremos mejor éxito en lograrlo.

Entonces, basándonos en lo que dice la Palabra de Dios, la respuesta para la gran pregunta; ¿es el hombre, una parte esencial en la vida de la mujer? La respuesta correcta, bíblica y verdadera es: Sí.

Cerrando el baúl de mis memorias

¿Qué diría Elizabeth? ¿El hombre, es una parte esencial en la vida de una mujer? Les confieso, que tardé más de un año, para poder responder responsablemente, a esta pregunta y poder terminar este capítulo del libro. Luego, de pasar por el proceso de perdonar a cada uno de los hombres, que de alguna manera marcaron mi vida de forma negativa, hoy puedo responder con un certero y rotundo, Sí. Desde muy niña, estuve buscando un hombre, sin importar quien fuera, que llenara un vacío grande que tenía en mi interior. Buscaba un candidato que me diera protección, un concursante que fuera mi proveedor y una figura masculina, quien me liderara en el caminar por la vida. En mi frenética búsqueda, solo encontré resultados nefastos, que dejaron marcada mi alma de golpes, heridas y amargura. Nunca me percaté, que Dios desde mis catorce años me decía: "Yo SOY, tu proveedor; Yo SOY, tu protector; Yo SOY, tu guía."

Pasé años, confundiendo la función del hombre en mi vida, con la función de Dios de mi total dependencia y confianza en Él. No había entendido, que desde el principio, el hombre y la mujer fueron creados, para complementarse uno al otro, pero no para crear dependencia total en ellos, sino solo en Dios. El hombre, es una parte esencial en la vida de cada mujer que existe en su vida. El hombre, como padre, es esencial en la vida de su hija. El hombre, como hijo, es esencial en la vida de su madre. El hombre, como hermano, es esencial en la vida de su hermana. El hombre, que representa la figura masculina de un equipo, sin importar la posición en la cual se encuentre, sigue siendo una parte esencial en la vida de la mujer. No descartes la presencia del hombre en tu vida, porque descartarás una parte esencial de ti misma; no pierdas tiempo, energías ni recursos, buscando justicia humana para la justicia de Dios para ti. Reconoce que solo Dios es tu Hacedor, tu Torre Fuerte, tu Sanador, tu Proveedor, tu Cuidador y tu Fortaleza. Solo tu dependencia debe ser Él y solo en Él.

Con mayor claridad, a esta enseñanza que recibí de parte del Espíritu Santo, también aprendí, que la mujer y el hombre son complemento el uno al otro, pero esto no significa, que la mujer debe crear una dependencia total en él. Lamentablemente, la falta de amor propio, mi baja autoestima y auto condenación, me llevó a tener una dependencia total y equivocada en la figura masculina, que me causó, el cometer grandes errores en mi vida. Dios, necesitaba que yo entendiera, que la relación que puede tener una mujer con un hombre, no era lo mismo, que tener una relación con Él. En mi vida, nunca supe diferenciar entre una y la otra. Identificaba el amor de un hombre, con el amor de Dios y creaba una dependencia enfermiza y agonizante, que al final terminaba destruida. Cada vez, que llegaba el abandono, la traición y el maltrato a mi vida, causado por un hombre, mi vida se derrumbada y perdía todo sentido de seguridad y de enfoque. Mujer, puedes estar casada, tener a tu padre o hermano, no importa, cual sea la figura masculina en tu vida, ellos son seres humanos que llegaron a complementar diferentes etapas en tu vida. Siempre, tenemos que estar conscientes, que no son perfectos y que el único amor verdadero y fiel es el amor de Dios, nuestro Creador y Amado. Aprendí y me aseguré en internalizar en mi alma, que ese amor que sobrepasa todas las cosas, es el amor de Dios, no el amor de un hombre. Decidí, romper con esa dependencia en el hombre y aprendí a depender completamente en Dios, mi Señor y Rey.

No sé cuál es tu historia, pero espero que la mía, sea de fortaleza y apoyo para que puedas seguir hacia adelante. En realidad, le huía a lo que Dios tenía para mí por mucho tiempo, porque no estaba del todo convencida de quién yo era en Dios. Dudaba de mi diseño y de mi propósito, no veía posible, todas las cosas que Dios me hablaba, de las bondades y atributos que Dios me repetía una y otra vez, que poseía para Su gloria.

Pero cuando se tiene *UN LLAMADO INEVITABLE*, de parte de Dios, Su voluntad se va a cumplir, sin lugar a dudas. No importa tu historia pasada, tus malas experiencias y las crisis que hayas vivido; Dios transforma toda tu historia en bendición para ti, tu casa, tu ministerio, en fin, para todo aquel que conozca lo maravilloso de Dios en ti. Esas mismas experiencias, que hoy ves como traumatizantes y negativas, se convertirán en trampolines para que llegues al lugar que ya Dios ha determinado para ti. Se responsable con tu alma y procura la sanidad real que solo en Dios puedes obtener sobre toda amargura y dolor, a causa de tus experiencias pasadas. Es vital que puedas verte en el espejo de Dios y que no olvides ninguna de Sus Promesas, de Sus Cuidados y de Sus beneficios. Dios es fiel y traerá paz y recompensará la fe que muestres en Él y te hará Su Justicia, que es perfecta.

¡TIENES UN LLAMADO INEVITABLE DE

PARTE DE DIOS,

Y ES NECESARIO QUE LO CUMPLAS!

Epílogo

Al terminar este recuento de la sanidad de mi alma y dar el mérito de sanidad que el Espíritu Santo ha hecho en mi vida, trae un último pensamiento que quiero compartir. Cuando pensé que el *baúl de mis memorias* se había cerrado, el Espíritu Santo, me llevó nuevamente, a abrirlo para traerme a memoria Su gran misericordia y Su empeño conmigo. Me hizo recordar, que hace más de veinte años yo escribí dos libros de poesías. Recuerdo, que había comprado un papel con fondo azul cielo y que tenía nubes por todos lados. También recuerdo, que el título de una de las poesías era, <u>No escondas tu rostro de mí</u>. Preparé uno de ellos y lo envié a una Casa Editora, para ver si estaban interesados en publicar mi libro. Después de mucho tiempo, recibí la contestación de parte de la casa editorial, notificándome que no lo habían aceptado.

Sin embargo, así como estaba, con horrores ortográficos y muchos errores más, comencé a enviar el libro directamente a confinados en las cárceles. Este libro de poesías, dio paso a un ministerio de cárceles donde se daba seguimiento y consejería espiritual a los confinados. Cuán hermoso es la misericordia del Señor, que trajo a mi memoria este recuerdo, y quiso que entendiera, que hace mucho me había dado el talento de escribir para bendecir a otros y aunque lo había enterrado, Dios lo resucitó para Su gloria. Escribir mis experiencias, mis dificultades, mis tropiezos y errores en un libro no estaba ni en mi pensamiento, tampoco en mis planes. A pesar de estar latente en mi corazón el volver a escribir, mi condición emocional lastimada y herida, no me permitía escribir más allá. Todavía, estaba ciega en el dolor y no podía combatir contra eso. Pero, los mensajitos de la editora llegaban de vez en cuando: "Amada, ¿qué vas hacer con el libro?" Eran golpecitos pequeños de insistencia, que me llevaban a recobrar ánimo y a comenzar a escribir, nuevamente.

Recuerdo cuando llegué al capítulo cinco, la editora, me había presentado unas notas, donde me señalaba las áreas que había que corregir en el capítulo. Pero cuando me sentaba, no podía trabajar con el capítulo. Estaba frustrada totalmente, no lograba hacer nada con el capítulo y así se lo dejé saber a la editora. Su respuesta fue, "Ten paz, que Dios te dirá lo que debes escribir". El día de la reunión, para supuestamente trabajar con el capítulo, fue uno que marcó el diseño de Dios para el libro. Le dije a la editora: "no puedo, no logro escribir nada". Lo que yo no sabía era, que la citación de ese día, tenía un propósito mayor de parte de Dios para mí, era para terminar de sanar y liberar mi alma. No podía corregir ese capítulo, porque todavía esas heridas estaban abiertas en mi alma y necesitaba sanación. Comencé a hablar sobre mi dolor, y no paraba de llorar. Toda la reunión era, para terminar de sanar y de ser restaurada. Me fui de esa reunión libertada, sana y lista, para emprender el caminar de la mano del Espíritu Santo y terminar con el libro. Comencé a escribir con un corazón sano, libre y en paz. Escribí el capítulo cinco de nuevo. Todo cambió, hasta el tema. Ya no era Elizabeth, escribiendo con un corazón lleno de heridas, sino que ahora escribía con un corazón libre y sano. Mi percepción, mi intención, mi escritura manifestaba el cambio que hubo en mi vida ese día.

Logré, por medio del proceso del libro, entender lo que Dios siempre quiso decirme; que soy una mujer libre y sana en Él. Hoy por hoy, me siento satisfecha con este proyecto que el Señor puso en mis manos. Puedo decir, que se logró el propósito que Dios propuso que se diera y es el desarrollar este libro basado a lo que Dios desea para cada una de nosotras, el no ser mujeres atadas al rencor, al resentimiento ni al dolor. Que comencemos a caminar en la sanidad que Él tiene ya disponible para nosotras y que logremos todos los sueños que Él ha destinado para cumplir aquí en la Tierra. Que podamos desechar aquellas cosas que nos detienen y nos hacen perder una gran variedad de promesas, bendiciones y bienestar que Él tiene para ti y para mí.

Deseo que te lleves de este libro, la importancia de la sanidad del alma, para poder ver a través del lente de Dios, cuál es el propósito que Él tiene contigo. En este año 2019, te entrego un libro que te servirá como manual de aprendizaje y crecimiento. Que a través de él, tomes la decisión de ser completamente sana; de soltar toda amargura, dolor, rencor por las experiencias del pasado y retomes el lugar que Dios ha preparado para ti y que puedas ser de testimonio de Sus grandezas en estos últimos tiempos. También, es mi intención de que puedas aprender, a través de las Escrituras, que sí existe una esperanza y no importando la crisis que experimentes, Dios siempre está presente, te guarda y te da salida. Y por último, que entiendas, que tu vivencia no tiene que quedarse pintada como una historia de dolor, sino que, a través de la sanidad, tu historia será de bendición para otros.

Y mi mejor oración para ti es, que entiendas, que Dios se ha empeñado contigo y que no te va a soltar; porque tienes *Un Llamado Inevitable* de parte de Dios Todopoderoso, Creador de todas las cosas y Tu Hacedor, el cual tienes que cumplir aquí en la Tierra.

Referencias

Definición de abandonar. Recuperado de
https://www.wordreference.com/definicion/abandonar

Definición de afligir. Recuperado de
https://www.wordreference.com/definicion/afligir

Definición de apacentar. Recuperado de
https://www.wordreference.com/definicion/apacentar

Definición de Beerseba. Recuperado de
https://www.wikicristiano.org/diccionario-biblico/significado/beerseba/

Definición de edificar. Recuperado de
https://www.wordreference.com/definicion/edificar

Definición de errante. Recuperado de
https://www.wordreference.com/definicion/errante

Definición de esencial. Recuperado de
https://www.wordreference.com/definicion/esencial

Definición de frágil. Recuperado de
https://www.wordreference.com/definicion/fragil

Definición de fructificar. Recuperado de
https://www.definiciones-de.com/Definicion/de/fructificar.php

Definición de Gaza. Recuperado de
https://www.wikicristiano.org/diccionario-biblico/significado/gaza/

Definición de guardar. Recuperado de
https://es.oxforddictionaries.com/definicion/guardar

Definición de levantar. Recuperado de
https://www.wordreference.com/definicion/levantar

Definición de Lodebar. Recuperado de
https://www.significadobiblico.com/lodebar.htm

Definición de llamar. Recuperado de
https://www.wordreference.com/definicion/llamar

Definición de llamamiento. Recuperado de
https://www.wordreference.com/definicion/llamamiento

Definición de multiplicar. Recuperado de
https://www.wordreference.com/definicion/multiplicar

Definición de Paran. Recuperado de
https://www.bibliatodo.com/Diccionario-biblico/paran

Definición de pastorear. Recuperado de
https://www.wordreference.com/definicion/pastorear

Definición de Rut. Recuperado de
https://www.bibliatodo.com/Diccionario-biblico/rut
Ediciones SM. Diccionario Didáctico de Español Intermedio.
Madrid, España. 1997.
Sociedad Bíblica Iberoamericana. Biblia Textual. Holman Bible
Publishers. Nashville, Tennessee.1999.
Ward, Lock A. Nuevo Diccionario de la Biblia. Editorial Unilit:
Miami, Florida. 1999.

Nota de la Editora

En nuestro caminar espiritual poseemos promesas de Dios para nuestro bienestar y beneficio; por ejemplo, si tenemos una enfermedad para nuestra sanidad física, Dios nos dice en Su Palabra que por Sus llagas fuimos sanados (Isaías 53:5). Si tenemos una necesidad financiera, Dios nos dice que Él es nuestro Proveedor (Filipenses 4:9). Si nos encontramos agobiados y desesperados, nos promete descanso (Mateo 11:28). Y así, por el estilo existen muchas promesas para sustentarnos y darnos esperanza en nuestra vida cotidiana. Pero en adición a estas promesas, existe una promesa que no hemos buscado, y en ocasiones, ni nos interesa. Esta promesa no está basada en nuestras necesidades ni nuestros deseos e intereses personales, sino en un propósito mayor.

Es una promesa que se basa, en el Diseño Eterno que Dios tiene para cada uno de nosotros. Dios, establece Su Reino aquí en la Tierra, por medio de nosotros los redimidos del Padre. Y para poder establecer ese Reino Eterno, nos entrega una promesa de conquista y de gobierno por medio de Jesús el Mesías.

Para Obed Edom Editores, es un honor el poder trabajar manuscritos que testifican de cómo Dios una y otra vez, no se da por vencido y se empeña en que Su propósito sea manifestado entre los vivientes. Estos relatos de vida, testifican la fidelidad de Dios con Su propósito en nosotros y nos permiten tener esperanza de mejores cosas y una perspectiva mayor de nosotros. Como hijos de Dios Altísimo, se nos entrega una Promesa Eterna y es que Dios nos llama para que junto con Él, establezcamos Su Reino y seamos portadores de fe y de esperanza. Este es el llamado que tenemos como Editorial de Reino que Dios ha establecido para este tiempo. Manuscritos que te empoderen y te demuestren que sigues en los planes de Dios y que tiene para ti una agenda mayor y poderosa.

En *Un Llamado Inevitable*, la autora nos relata la realidad de una mujer que en el transcurso de vida, Dios sobre puso Su propósito de Reino, recordándole una y otra vez, ese llamado y que nada podía cambiar lo que Dios en la Eternidad ya había diseñado para ella. Elizabeth nos presenta su historia, sus heridas, sus vivencias, en fin, su experiencia de vida y junto con su relato nos muestra a través de la Biblia y de forma reveladora, cómo hombres y mujeres de fe, también tuvieron experiencias similares a las de ella y muchas de nosotros hoy. Estas historias de fe nos muestran que a pesar de cualquier circunstancia o situaciones difíciles, Dios es fiel en Su propósito con nosotros.

No fue un camino fácil ni rápido, trabajar este manuscrito de empoderamiento y sabiduría. Como la misma Elizabeth lo habla, Dios seguía mostrándole lo que Él ha hecho en ella y hasta donde Dios la ha llevado en pasos de conquista, de esperanza, de perdón y de fe. Se detuvo varias veces el trabajo, pero Dios le continuaba mostrando lo necesario de transmitir las enseñanzas aprendidas a otras mujeres que necesitan saber que sigue vigente el llamado que Dios declaro para ellas. A través de cada relato y revelación escritural, podrás ver y reconocer todo lo que ha estado deteniendo Su cumplimiento, y podrás tomar la decisión de levantarte en ese propósito que Dios ha declarado para ti. Por causa de *Un Llamado Inevitable* de Dios, serás sanada, transformada y capacitada para ese cumplimiento de fe.

Obed Edom Editores se honra en tener a Elizabeth como escritora de la editorial y del Reino de Dios. Elizabeth, oro para que Dios continúe llenando tu vida de sabiduría, que nada detenga este Llamado Inevitable y que lleves este mensaje sanador y de empoderamiento a todo lugar que Dios te lleve. Eres una llave que abre las puertas de sanidad, liberación y capacitación a toda mujer que tiene de Dios *Un Llamado Inevitable.*

Las palabras del sabio son aguas profundas,
Torrente caudaloso, manantial de sensatez.
Proverbios 18:4

Pastora Madeline González
Presidenta y Editora Obed Edom Editores

Sobre la Autora

Elizabeth C. Hernández, nació en Kingston, New York el 24 de septiembre de 1976. Llegó a Puerto Rico en el año 1990, siendo adolecente. Es madre de cuatro hijos, Raymond, Alexander, Isaías y Valeria. Ha servido en el cuerpo de Jesucristo en diversas facetas, incluyendo ejercer el Pastorado, como Asistente de Pastor de la Iglesia El Lirio del Valle de Loíza, Puerto Rico.

Es Fundadora del Ministerio Mujer No Dejes Tu Lugar, en el 2008. Desde entonces, se ha dedicado a trabajar y a ayudar a mujeres a través de sus crisis, por medio de asesoría, retiros y congresos. Perteneció al Equipo de Trabajo de la Universidad Teológica de Puerto Rico, como Decana por alrededor de seis años. Allí obtuvo dos doctorados, uno en Ministerio (2012) y otro en Consejería Cristiana (2013).

Hoy día, vive en Trujillo Alto, Puerto Rico y labora en el Concilio de Salud Integral de Loíza, como Coordinadora de Enlace Comunitario, desde el 2015.

Made in the USA
Columbia, SC
11 September 2022

66865594R00100